春雨鐘聲

中国語1 ｜ 中国語A

立教大学中国語教育研究室 編

駿河台出版社
SURUGADAI SHUPPANSHA

音声について

本書の音声は、下記サイトより無料でダウンロード、
およびストリーミングでお聴きいただけます。

https://stream.e-surugadai.com/books/isbn978-4-411-03167-9/

＊ご注意
・PC からでも、iPhone や Android のスマートフォンからでも音声を再生いただけます。
・音声は何度でもダウンロード・再生いただくことができます。
・当音声ファイルのデータにかかる著作権・その他の権利は駿河台出版社に帰属します。
　無断での複製・公衆送信・転載は禁止されています。

装丁・本文デザイン：小熊　未央
表紙題字：加固　明子
表紙・本文イラスト：がりぽん（ひろガリ工房）

はじめに

このテキストは中国語を初めて学ぶ方を対象としています。

このテキストの特徴は以下の通りです。

A　表現編と基礎編を週一コマずつ 14 週学ぶことを通じ、中国語の基礎力を習得します。

B　表現編は 1 クラス 20 人の設定で、会話や作文などアウトプットを中心にトレーニングします。

C　基礎編は 1 クラス 40 人の設定で、読解や聴解などインプットを中心にトレーニングします。

D　表現編と基礎編に共通する表現を「重要表現」で一覧にし、それぞれの授業で活用します。

このテキストは以下のように構成されています。

《表現編》

★发音（発音）　　　　　4 回で発音の基礎を一通り学びます。

★中文好有趣　　　　　面白い表現や新語、流行語、日本語との違いなどをテーマに、時に
（中国語って面白い）　ペアワークやグループワークを通じて中国語に対し理解を深めます。

★大家一起念　　　　　第 5 課から始まります。大きな声で復誦することを通じ、中国語の
（みんなで音読）　　　リズムを感じ取り、授業のウォーミングアップとしましょう。

★问答练习　　　　　　中国語の初歩的な質疑応答表現をマスターします。

★会话　　　　　　　　中国語の初歩的な会話を学びます。

★填空作文　　　　　　空欄に適当な語を入れて作文練習を行います。

《基礎編》

★会话　　　　　　　　中国語の初歩的な会話を学びます。

★短文　　　　　　　　中国語による初歩的な文章を学びます。

★文法ポイント　　　　課ごとに新しい文法事項を学びます。

★中国を調べよう　　　中国に関する様々なトピックを時にペアワークやグループワークで
　　　　　　　　　　　調べます。

なお本テキストの音声はストリーミング、ダウンロードできます。単語帳はデータにて共有します。

2023 年 12 月

立教大学中国語教育研究室

人称代詞

	一人称	二人称	三人称
単数	wǒ 我	nǐ 你	tā　tā　tā 她 / 他 / 它
複数	wǒmen　zánmen 我们　咱们	nǐmen 你们	tāmen　tāmen　tāmen 她们 / 他们 / 它们

指示代詞

		これ、それ	それ、あれ			ここ、そこ、あそこ
単数	zhè nà 这 那	zhèige 这个	nèige 那个	zhèi běn shū 这本书	nèige rén 那个人	zhèr　zhèli　nàr　nàli 这儿 这里 那儿 那里
複数		zhèixiē 这些	nèixiē 那些	zhèixiē shū 这些书	nèixiē rén 那些人	

疑問詞

	谁	什么	哪	几	多少	怎么
人間	shéi 谁	shénme rén 什么人	něige rén 哪个人			
時間		shénme shíhou 什么时候		jǐ diǎn 几点	duōshao shíjiān 多少时间	
場所		shénme dìfang 什么地方	nǎli 哪里 nǎr 哪儿			
値段				jǐ kuài qián 几块钱	duōshao qián 多少钱	
評価						zěnmeyàng 怎么样 zěnme le 怎么了
理由		wèi shénme 为什么				zěnme 怎么
方法						zěnme 怎么

挨拶語・授業用語

您好！	Nín hǎo!	こんにちは。（丁寧）
早上好！	Zǎoshang hǎo!	おはようございます。
再见。	Zàijiàn.	さようなら。
谢谢！	Xièxie!	ありがとうございます。
不客气。	Bú kèqi.	どういたしまして。
不用谢。	Bú yòng xiè.	どういたしまして。
对不起。	Duìbuqǐ.	すみません。
没关系。	Méi guānxi.	大丈夫です。
很高兴见到你。	Hěn gāoxìng jiàndào nǐ.	お会いできてうれしいです。
请多（多）指教。	Qǐng duō (duō) zhǐjiào.	よろしくお願い致します。
好久不见！	Hǎojiǔ bújiàn!	お久しぶりです。
晚安！	Wǎn'ān!	おやすみなさい。
回头见！	Huítóu jiàn!	またあとで。
打扰您了。	Dǎrǎo nín le.	お邪魔します（した）。
不好意思。	Bù hǎoyìsi.	申し訳ありません。

大家好！	Dàjiā hǎo!	皆さん、こんにちは。
老师好！	Lǎoshī hǎo!	先生、こんにちは。
开始上课！	Kāishǐ shàngkè!	授業を始めます。
现在点名。	Xiànzài diǎnmíng.	今から出席を取ります。
到。	Dào.	はい（出欠の返事）。
请打开书。	Qǐng dǎkāi shū.	教科書を開いてください。
翻到第 15 页。	Fāndào dì shíwǔ yè.	15 ページを開いてください。
我说, 你们听。	Wǒ shuō, nǐmen tīng.	私が話すので聞いてください。
请回答。	Qǐng huídá.	答えてください。
请再说一遍。	Qǐng zài shuō yí biàn.	もう一度言ってください。
跟老师念。	Gēn lǎoshī niàn.	先生につづいて発音してください。
请再念一遍。	Qǐng zài niàn yí biàn.	もう一度発音してください。
很好！	Hěn hǎo!	すばらしい。
懂了吗？	Dǒng le ma?	分かりましたか？
懂了。	Dǒng le.	分かりました。
有没有问题？	Yǒu méiyǒu wèntí?	質問はありますか？
没有。	Méiyǒu.	ありません。
下课。	Xiàkè.	授業を終えます。
同学们，再见！	Tóngxuémen, zàijiàn!	みなさん、さようなら。
下次见！	Xiàcì jiàn!	次回お目にかかりましょう。
老师再见！	Lǎoshī zàijiàn!	先生、さようなら。

1～10	líng 0	yī 1	èr 2	sān 3	sì 4	wǔ 5	liù 6	qī 7	bā 8	jiǔ 9	shí 10
11～99	shíyī 11	shí'èr 12	èrshí 20	èrshiwǔ 25	jiǔshíjiǔ 99						
100～	yì bǎi 100	yì qiān 1000	yí wàn 10000	yí yì 1亿							
	yìbǎilíngyī 101	yìbǎiyīshí 110	yìqiānlíngyī 1001	yìqiānlíngyīshí 1010							

日付・曜日・時間・値段

Jīntiān jǐ yuè jǐ hào? 今天几月几号？	èryuè 二月	shíyīyuè 十一月	yī rì（hào） 一日（号）		
Jīntiān xīngqī jǐ? 今天星期几？	xīngqīyī 星期一	xīngqī'èr 星期二	xīngqīliù 星期六	xīngqītiān（rì） 星期天（日）	lǐbàiyī 礼拜一
Xiànzài jǐ diǎn? 现在几点？	yì diǎn 一点　liǎng diǎn 两点　bàn 半		yí kè 一刻	sān kè 三刻	wǔ fēn 五分
Duōshao qián? 多少钱？	wǔ fēn 五分	wǔ jiǎo（máo） 五角（毛）	yì yuán（kuài） 一元（块）	wǔshí yuán 五十元	yì bǎi yuán 一百元

親族の呼び名

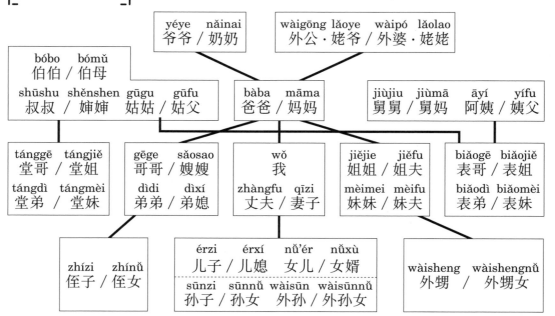

国名	Zhōngguó 中国	Rìběn 日本	Hánguó 韩国	Měiguó 美国	Yīngguó 英国	Déguó 德国	Fǎguó 法国
	Yìdàlì 意大利	Éluósī 俄罗斯	Xībānyá 西班牙				
言語	Hànyǔ 汉语	Rìyǔ 日语	Hán（guó）yǔ 韩（国）语	Yīngyǔ 英语	Déyǔ 德语	Fǎyǔ 法语	Yìdàlìyǔ 意大利语
	Éyǔ 俄语	Xībānyáyǔ 西班牙语					

地名（主要都市・都道府県）

中国語圏	Běijīng 北京	Tiānjīn 天津	Shànghǎi 上海	Chóngqìng 重庆	Xī'ān 西安	Nánjīng 南京	
	Shēnzhèn 深圳	Guǎngzhōu 广州	Táiběi 台北	Xiānggǎng 香港	Àomén 澳门	Xīnjiāpō 新加坡	
	Xīzàng 西藏	Nèiměnggǔ 内蒙古	Xīnjiāng 新疆				
日本	Dōngjīng 东京	Qíyù 埼玉	Qiānyè 千叶	Shénnàichuān 神奈川	Běihǎidào 北海道	Jīngdū 京都	Dàbǎn 大阪
	Chōngshéng 冲绳	Chídài 池袋	Xīnzuò 新座	Xīnsù 新宿	Sègǔ 涩谷	Héngbīn 横滨	
	Mínggǔwū 名古屋	Shénhù 神户	Fúgāng 福冈				

立教の学部学科

	Lìjiào Dàxué	立教大学
Chídài 池袋 xiàoqū 校区	Wén xuéyuàn	文学院
	Fǎ xuéyuàn	法学院
	Jīngjì xuéyuàn	经济学院
	Shèhuì xuéyuàn	社会学院
	Jīngyíng xuéyuàn	经营学院
	Lǐ xuéyuàn	理学院
	Yìwénhuà jiāoliú xuéyuàn	异文化交流学院
Xīnzuò 新座 xiàoqū 校区	Guānguāng xuéyuàn	观光学院
	Shèqū fúzhǐ xuéyuàn	社区福祉学院
	Xiàndài xīnlǐ xuéyuàn	现代心理学院
	Tǐyù yǔ jiànkāng xuéyuàn	体育与健康学院

方向・方位の言い方

dōng 东	xī 西	nán 南	běi 北								biān 边	biānr 边儿	miàn 面	miànr 面儿
shàng 上	xià 下	qián 前	hòu 后	zuǒ 左	yòu 右	lǐ 里	wài 外	zhōng 中	nèi 内	páng 旁				

前置詞

zài 在	cóng 从	dào 到	lí 离	gěi 给	gēn 跟	duì 对	wǎng 往
(どこ)で (どこ)に	から	まで へ	から まで	(だれ)に	と	に(対して)	(どこ)に へ

量 詞

ge 个	běn 本	zhāng 张	jiàn 件	tiáo 条	zhī 只	tái 台	bǎ 把
人、物 個体	書籍	紙、机など 平らな物	服、 事柄	魚、ひもなど 細長いもの	一部小動物 船	機械、 機器	柄のついたもの、 束になっているもの

基本的な語順

だれが 私が	いつ 毎日	副詞 みな	どのように 友人と一緒に	どこで 食堂で	する 食べる		なにを ご飯
我	每天	都	跟朋友一起	在食堂	吃		饭。
主体	時点	副詞	方式・手段	場所	動作	補語	対象

補語		例
時間量	どのぐらい	看了<u>一个小时</u>书
回数	何回	看过<u>一次</u>电影
様態・程度	どのように	看<u>得很快</u>
方向	どこへ	看<u>过来</u>
結果	どうなった	看<u>见</u>
可能	できるかどうか	看<u>得</u>见 看<u>不</u>见
前置詞フレーズ	だれに	送<u>给</u>他

第 1 課 | 发音一

［ ピンイン ］ 🎙 A-1

中国語の漢字の発音はピンイン（"拼音" pīnyīn）で表します。これはローマ字式の注音表記です。
"拼" は中国語で「組み合わせ」の意味です。ピンインは「子音＋母音＋声調」によって構成されます。

xióng māo   piào liang

熊　猫   漂　亮

［ 声　調 ］ 🎙 A-2

声調は 4 つあります。（軽声や変調は第 4 課で勉強します）

第 1 声　高め、長い。「あ」よりも「あー」のイメージ。

第 2 声　あげる、長い。だんだん強くなる。「えー?!」のイメージ。

第 3 声　低め、短い。がっくりしてため息をつくように。

第 4 声　高い所から急激に下げる、短い。

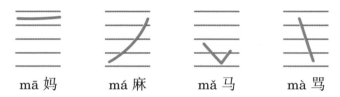

mā 妈   má 麻   mǎ 马   mà 骂

［ 単母音 ］ 🎙 A-3

基本的な母音は 7 個あります。

a	⬭	「あー」より口を大きくあける。
o	⬯	「おー」より唇を突き出す。
e	⬭	喉の奥から出す音。口を横に引き、半開きに。
i (yi)	⬭	口を思い切って横に開き、舌を少し前よりに。
u (wu)	○	「ウー」より唇を突き出し、舌の奥を盛り上げる。
ü (yu)	○	（i と同じ）舌を少し前より。（u と同じ）唇を突き出す。
er		舌を上にそり上げて喉から出す音。

［表記ルール］子音がない場合、i、u、ü は yi、wu、yu と書く。

🎤 A-4

āyí	è	wǔ	yú	yǔyī	èr
阿姨	饿	五	鱼	雨衣	二

子音（唇音） 🎤 A-5

子音は全部で 21 個あります。

b、p、m は上下の唇を使い、f は上の歯と下の唇を軽く当てて発音します。

子音に無気音と有気音の違いがあります。いきなり口を開け、息をこらえて発音する b は無気音、息を吐きながら発音する p は有気音です。

	無気音	有気音		
唇音	b (o)	p (o)	m (o)	f (o)

発音の例 🎤 A-6

bàba	māma	bú pà	fúwù
爸爸	妈妈	不怕	服务

ドリル ✏

発音を聞いて、正しいものを選んでください。

① ē é ② yú wú ③ wǔyī wūyī ④ bóbo pópo
⑤ hǔpò húpò ⑥ mófǎ mófà ⑦ yǔyī yùyī ⑧ pàmǎ pàmà

発音を聞いて、正しい声調記号を付けましょう。

① a ② er ③ bu ④ pa
⑤ yu ⑥ e ⑦ ma ⑧ fo

中文好有趣

自分の姓名を簡体字、繁体字で表記しましょう。 ★ 🎵 ★ ⑇

第2課 发音二

複母音 A-7

母音が連なって発音するのが複母音です。

① ai、ao、ei、ou

口の形の変化を意識して発音しましょう（a＞o＞e＞i＞u）。ei の e と単母音の e の発音は違います。

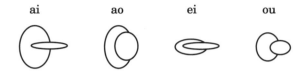

| ai | ao | ei | ou |

② その他の複母音

i、u、ü と母音を組み合わせて発音します。ie、üe の e と単母音の e の発音は違います。

	a	o	e	ao	ai	ei	ou
i	ia (ya)		ie (ye)	iao (yao)			iu (you)
u	ua (wa)	uo (wo)			uai (wai)	ui (wei)	
ü			üe (yue)				

［表記ルール］u と ei は ui、i と ou は iu と書く。子音がない場合、i、u、ü は y、w、yu と書く。ただし、iu は you、ui は wei と書く。

発音の例 A-8

ài	pǎobù	yáyī	yéye
爱	跑步	牙医	爷爷

子音（舌尖音、舌根音、舌面音、そり舌音、舌歯音） A-9

d、t、n、l は息を舌の先と上あごの間を通らせて発音します。g、k、h は喉のあたりを使って発音します。j、q、x は息を舌と下の歯の間を通らせて発音します。

zh、ch、sh は舌先をそり上げて上あごの前部に押し付け、息を舌先から吐き出して発音します。r は舌をより奥にそって発音します。それらをそり舌音といい、発音するとき、口の中は上下に広がるように意識しましょう。

z、c、s は息を舌と上の歯の間を通らせて発音します。

	無気音	有気音		
舌尖音	d (e)	t (e)	n (e)	l (e)
舌根音	g (e)	k (e)	h (e)	
舌面音	j (i)	q (i)	x (i)	
そり舌音	zh (i)	ch (i)	sh (i)	r (i)
舌歯音	z (i)	c (i)	s (i)	

　舌面音、そり舌音、舌歯音の子音の後に来る i の発音はそれぞれ違います。

　j、q、x の場合、口を横に引いて、zh、ch、sh、r の場合、口の奥を縦に開けて、z、c、s の場合、口を少し横に引いて発音します。

［表記ルール］j、q、x の後の ü は u と書く。

発音の例　 A-10

tǔdì	nǔde	hēle	kāfēi	fēijī	xìjù
土地	女的	喝了	咖啡	飞机	戏剧

lǎoshī	chūqu	rìjì	màozi	báicài	shísì
老师	出去	日记	帽子	白菜	十四

ドリル

　発音を聞いて、正しいものを選んでください。

① dìdi　tìti　　② nǔlì　gǔlì　　③ gēge　gūgu　　④ kěle　kělè

⑤ gèji　kèqi　　⑥ fúqì　búqù　　⑦ kāichē　gāichī　　⑧ shíjī　sījī

中文好有趣

　「和製漢字」とは日本で作られた漢字体の文字で、中国語にはありません。

　例：畑、畠、峠、笹、榊、栃、糀、丼

第3课 | 发音三

鼻母音（基本） 🎙 A-11

鼻母音は鼻にかかったような形で発音します。

an は口をやや横に開き、舌先を上あごに付けて発音します。ang は口を上下に開けたまま、息が鼻にかかるように発音します。「an は口の前、横」、「ang は喉のあたり、上下」と意識しましょう。

en と eng の発音の違いは an と ang のそれに近いです。en、eng は an、ang よりもっと口を横に開いて発音します。

in と ing は i + en、i + eng から来たのです。

ong は息をストレートに前に押し出すように発音します。

前鼻音	an	en	in (yin)	
後鼻音	ang	eng	ing (ying)	ong

［表記ルール］子音がないとき、in、ing は yin、ying と書く。

発音の例 🎙 A-12

chīfàn
吃饭

chēzhàn
车站

kāifàng
开放

Rìběn
日本

shēnghuó
生活

yīnyuè
音乐

Yīngyǔ
英语

yóuyǒng
游泳

鼻母音（複合） 🎙 A-13

i、u、ü と上の鼻母音を組み合わせて発音することができます。ian は「イェン」に近い感覚で発音します。

	an	ang	en	eng	in	ing	ong
i	ian (yan)	iang (yang)					iong (yong)
u	uan (wan)	uang (wang)	un (wen)	ueng (weng)			
ü	üan (yuan)		ün (yun)				

［表記ルール］子音がないとき、上記の i、u、ü を y、w、yu と書く。「u + en」は un と書く。「ü + en」は ün と書く。ただし、j、q、x の後に来る場合、un と書く。

yǔyán	yángròu	xióngmāo	wēnquán
语言	羊肉	熊猫	温泉

Àoyùn	lùnwén	jiéhūn	qúnzi
奥运	论文	结婚	裙子

ドリル ✏

発音を聞いて、正しいものを選んでください。

① zhàngfu　jiànghu　　② chūshēn　chūshēng　　③ rénmín　rénmíng　　④ gōngsī　gōngzī

⑤ qúnzi　chóngzi　　⑥ yùndòng　yúndòng　　⑦ yuánlái　yuánglái

⑧ dàlián　dàliáng

発音を聞いて、括弧内に子音を記入しましょう。

①（　　）ang　　②（　　）ian　　③（　　）en　　④（　　）un

⑤（　　）iong　　⑥（　　）uan　　⑦（　　）in　　⑧（　　）ong

中文好有趣

「和製漢語」とは日本で作られた漢語で、例にあるものは特に近代以降、中国でも広く使われています。
例：国家、社会、科学、経済、人気、失恋、御宅、萌

第4课　　**发音四**

軽　声　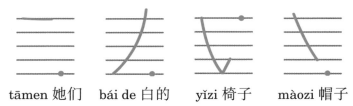 A-15

軽声は短くて軽い声調です。音の高さは前の声調によって変わります。第1、2、4声の後の軽声は低く、第3声の後の軽声は高く発音します。

tāmen 她们　　bái de 白的　　yǐzi 椅子　　màozi 帽子

第3声の変調

第3声の高さは後の声調によって変わります。第1、2、4声の前では半3声、第3声の前では第2声になります。

発音の例　🎤 A-16

hǎochī	lǚyóu	nǐhǎo	kě'ài	Mǐlǎoshǔ	Wǒ hěn hǎo
好吃	旅游	你好	可爱	米老鼠	我 很 好

"一、不"の変調　🎤 A-17

"一""不"は続く漢字の声調によって発音が変わります。"一""不"はよく第4声で発音しますが、後に第4声が来るとき、第2声に変わります。ただし、"一"を1声で発音するのもよくあります。

	第1声	第2声	第3声	第4声
	yì zhī	yì shí	yì bǎ	yí xià
	一只	一时	一把	一下
	bù hē	bù lái	bù hǎo	bú yào
	不喝	不来	不好	不要

儿化音　🎤 A-18

単語の後に"儿 ér"をつけて発音することがあります。発音の際、一部の音が脱落する単語もあります。ピンインでは"r"だけが表記されます。

[脱落なし] 花儿 huār　　歌儿 gēr　　　　　[n が脱落] 玩儿 wánr　　有点儿 yǒudiǎnr
[i が脱落] 味儿 wèir　　一会儿 yíhuìr　　　[鼻音化] 空儿 kòngr　　电影儿 diànyǐngr

声調の組み合わせのイメージ 🎤 A-19

	1声	2声	3声	4声	軽声
1声	chāshāo 叉烧	xiāngcháng 香肠	jiānbǐng 煎饼	jīròu 鸡肉	bāozi 包子
2声	niújīn 牛筋	xiányú 咸鱼	niúnǎi 牛奶	yángròu 羊肉	húntun 馄饨
3声	kǎoyā 烤鸭	kǎoyú 烤鱼	huǒtuǐ 火腿	kǎoròu 烤肉	jiǎozi 饺子
4声	miànbāo 面包	dàiyú 带鱼	règǒu 热狗	pàocài 泡菜	zòngzi 粽子

ドリル

下記の単語にピンインを付けてください。

① 一起 yìqǐ　　② 不是 bú shì　　③ 一天 yìtiān　　④ 不行 bùxíng

中文好有趣

A～Fの外来語の意味を調べてみましょう。
A 星巴克 Xīngbākè　　B 优衣库 Yōuyīkù　　C 罗森 Luósēn　　D 三得利 Sāndélì
E 芭蕾舞 bālěiwǔ　　F 香波 xiāngbō

第 5 课　我的一天

大家一起念

现在几点了？　Xiànzài jǐ diǎn le?

下午三点半。　Xiàwǔ sān diǎn bàn.

你要回家吗？　Nǐ yào huíjiā ma?

我还有课呢。　Wǒ hái yǒu kè ne.

问答练习　A-21　　　（重要表現 8 ページの「数字」と「日付・曜日・時間・値段」を参照）

1.　现在　几　点？
　　Xiànzài jǐ　diǎn?

　　—现在　九点。（八点　十分／十二点　半）
　　　Xiànzài jiǔ diǎn. (bā diǎn　shí fēn / shí'èr diǎn　bàn)

2.　你　几　点　去　学校？
　　Nǐ　jǐ　diǎn　qù xuéxiào?

　　—我　七点　半　去　学校。（吃　早饭／回　家）
　　　Wǒ qī diǎn　bàn　qù xuéxiào. (chī zǎofàn / huí jiā)

3.　你　什么　时候　写　报告？
　　Nǐ shénme shíhou xiě bàogào?

　　—我　上午　写　报告。（下午／晚上／星期天）
　　　Wǒ shàngwǔ xiě bàogào. (xiàwǔ / wǎnshang / xīngqītiān)

词汇

□ 现在　今、現在

□ 几　いくつ

□ 点　〜時（時刻）

□ 分　〜分（時刻）

□ 半　〜時半

□ 去学校　学校に行く

□ 吃早饭　朝ごはんを食べる

□ 回家　家に帰る

□ 什么时候　いつ

□ 写报告　レポートを書く

□ 上午　午前

□ 下午　午後

□ 晚上　夜

□ 星期天　日曜日

会话 🎤 A-22

A　你　上午　几　点　有　课？
　　Nǐ shàngwǔ jǐ diǎn yǒu kè?

B　十　点　半　有　汉语　课。
　　Shí diǎn bàn yǒu Hànyǔ kè.

A　下午　呢？
　　Xiàwǔ ne?

B　下午　没有　课，我　去　打　网球。
　　Xiàwǔ méiyǒu kè, wǒ qù dǎ wǎngqiú.

填空作文 ✎ 空欄に語句を入れて、文章を完成させましょう。

我早上 ＿＿＿＿＿ 起床，上午 ＿＿＿＿＿ 上课，下午 ＿＿＿＿＿ 回家，晚上还要 ＿＿＿＿＿，＿＿＿＿＿ 左右睡觉。

词汇

□ 有　ある、いる
□ 没有　ない、いない
□ 课　授業
□ 汉语　中国語
□ 呢　〜は？

□ 打网球　テニスをする
□ 早上　朝
□ 起床　起きる
□ 上课　授業に出る
□ 还　ほかに、また

□ 要　〜しなければならない
□ 左右　〜ぐらい
□ 睡觉　寝る

➤ 中文好有趣

A〜Dの数字の数字以外の意味を調べてみましょう。
A 二 èr　　　B 六 liù　　　C 八 bā　　　D 五二〇 wǔ èr líng

第6课　　吃饭

大家一起念

你要去哪里？　Nǐ yào qù nǎli?

我想去池袋。　Wǒ xiǎng qù Chídài.

你去买东西？　Nǐ qù mǎi dōngxi?

我去卖东西。　Wǒ qù mài dōngxi.

问答练习 🎤 A-24　　　　　（重要表現6ページの「指示代詞」と10ページの「量詞」を参照）

1. 你 想 吃 拉面 还是 寿司？　　　—我 想 吃 寿司。（饺子 / 包子）
   Nǐ xiǎng chī lāmiàn háishi shòusī?　　Wǒ xiǎng chī shòusī.　(jiǎozi / bāozi)

2. 比萨饼 好吃 吗？　　　　　　　—很 好吃。（还 可以 / 真 好吃）
   Bǐsàbǐng hǎochī ma?　　　　　　Hěn hǎochī.　(hái kěyǐ / zhēn hǎochī)

3. 这个 麻婆豆腐 怎么样？　　　—味道 不错。（有点儿 辣 / 太辣了）
   Zhèige Mápódòufu zěnmeyàng?　　Wèidao búcuò.　(yǒudiǎnr là / tài là le)

词汇

☐ 想　〜したい
☐ 拉面　ラーメン
☐ 还是　〜か、それとも
☐ 寿司　寿司
☐ 饺子　餃子
☐ 包子　まんじゅう
☐ 比萨饼　ピザ
☐ 好吃　（食べ物が）おいしい
☐ 很　とても、たいへん
☐ 还可以　まあまあよい

☐ 真　ほんとうに
☐ 这个　この〜
☐ 麻婆豆腐　麻婆豆腐
☐ 怎么样　どうですか
☐ 味道　味
☐ 不错　よい
☐ 有点儿　少し（好ましくないこと）
☐ 辣　（ピリッと）辛い
☐ 太……了　すごく、〜すぎる

会话 👤👤 🎤 A-25

A 我 想 吃 担担面，你呢？
　　Wǒ xiǎng chī dàndànmiàn, nǐ ne?

B 我 要 一 个 回锅肉。
　　Wǒ yào yí ge huíguōròu.

　　……

B 怎么样？ 担担面 辣 不 辣？
　　Zěnmeyàng? Dàndànmiàn là bu là?

A 不太 辣，非常 好吃。 你 的 回锅肉 呢？
　　Bútài là, fēicháng hǎochī. Nǐ de huíguōròu ne?

B 味道 不错。
　　Wèidao búcuò.

填空作文 ✏️ 空欄に語句を入れて、文章を完成させましょう。

我喜欢吃 ＿＿＿＿＿＿菜。今天中午很想吃 ＿＿＿＿＿＿＿。这家店的

＿＿＿＿＿＿ 很好吃，不过有点儿 ＿＿＿＿＿＿＿。

词 汇

- □ 担担面　担々麺
- □ 要　注文する
- □ 回锅肉　ホイコーロウ
- □ 不太　あまり～でない
- □ 非常　非常に
- □ 的　～の
- □ 喜欢　好きだ、好む
- □ 菜　料理
- □ 今天　今日
- □ 中午　昼
- □ 这家店　この店
- □ 不过　しかし

▶ 中文好有趣

A～Gの中国語の味覚表現を覚えましょう。

A 酸 suān　　B 甜 tián　　C 苦 kǔ　　D 辣 là　　E 咸 xián　　F 鲜 xiān　　G 麻 má

♣表現第5、6課の話題・場面別決まり文句・表現のまとめ

---

1 何時・いつ・何をするかについて 🎤 A-26

① Xiànzài jǐ diǎn?　—Xiànzài jiǔ diǎn.

② Nǐ jǐ diǎn qù xuéxiào?　—Wǒ qī diǎn bàn qù xuéxiào.

③ Nǐ shénme shíhou xiě bàogào?　—Wǒ shàngwǔ xiě bàogào.

④ Nǐ shàngwǔ jǐ diǎn yǒu kè?　—Shí diǎn bàn yǒu Hànyǔ kè.

⑤ Xiàwǔ méiyǒu kè, wǒ qù dǎ wǎngqiú.

2 何を食べるか・味について 🎤 A-27

① Nǐ xiǎng chī lāmiàn háishi shòusī?　—Wǒ xiǎng chī shòusī.

② Bǐsàbǐng hǎochī ma?　—Hěn hǎochī.

③ Zhèige Mápó dòufu zěnmeyàng?　—Wèidao búcuò.

④ Zěnmeyàng? Dàndànmiàn là bu là?　—Bú tài là, fēicháng hǎochī.

---

1 何時・いつ・何をするかについて 🎤 A-26

① 现在几点？　—现在九点。

② 你几点去学校？　—我七点半去学校。

③ 你什么时候写报告？　—我上午写报告。

④ 你上午几点有课？　—十点半有汉语课。

⑤ 下午没有课，我去打网球。

2 何を食べるか・味について 🎤 A-27

① 你想吃拉面还是寿司？　—我想吃寿司。

② 比萨饼好吃吗？　—很好吃。

③ 这个麻婆豆腐怎么样？　—味道不错。

④ 怎么样？担担面辣不辣？　—不太辣，非常好吃。

中文好有趣

中国にも「早口言葉」"绕口令 ràokǒulìng" がたくさんあります。

少し発音することが難しく、また読みづらい文を早く正確に読めるかを競う早口言葉は中国語の発音練習にもぴったりです。

以下の早口言葉をうまく読むことができるか、ぜひチャレンジしてみましょう。

(1) 大肚子的大兔子　おなかの大きいうさぎ

　　大兔子，大肚子，　　Dà tùzi, dà dùzi,

　　大肚子的大兔子，　　dà dùzi de dà tùzi,

　　要咬大兔子的大肚子。　yào yǎo dà tùzi de dà dùzi.

(2) 长城长　長城は長い

　　长城长，城墙长，　　Chángchéng cháng, chéngqiáng cháng,

　　长长长城长城墙，　　chángcháng Chángchéng cháng chéngqiáng,

　　城墙长长城长长。　　chéngqiáng chángcháng chéng chángcháng.

第 7 課　买东西

大家一起念

晚上吃什么？	Wǎnshang chī shénme?
去吃火锅吧。	Qù chī huǒguō ba.
你不怕辣吗？	Nǐ bú pà là ma?
我怕不太辣。	Wǒ pà bútài là.

问答练习 💡 🎤 A-29

1. 这 件 毛衣 多少 钱？
Zhèi jiàn máoyī duōshao qián?

—两 千 多 日元。（那 本 书／这 盒 点心）
Liǎng qiān duō Rìyuán. (nèi běn shū / zhèi hé diǎnxin)

2. 这 种 手机 贵 不 贵？ —很 贵。（漂亮／好用）
Zhèi zhǒng shǒujī guì bu guì? Hěn guì. (piàoliang / hǎoyòng)

3. 你 常 在 哪儿 买 东西？
Nǐ cháng zài nǎr mǎi dōngxi?

—我 常 在 网上 买。（附近 的 超市）
Wǒ cháng zài wǎngshang mǎi. (fùjìn de chāoshì)

词汇

- □ 这件毛衣　このセーター
- □ 多少钱　いくら
- □ 两千　二千
- □ 日元　日本円
- □ ～多　～あまり、～以上
- □ 那本书　あの本
- □ 这盒点心　この（箱にある）菓子
- □ 这种手机　この（機種の）携帯電話
- □ 贵　（値段が）高い
- □ 漂亮　美しい、きれいだ
- □ 好用　使いやすい
- □ 常　よく、しょっちゅう
- □ 在　（場所）～で
- □ 哪儿　どこ
- □ 买东西　買い物する
- □ 网上　インターネット上
- □ 附近　付近、近所
- □ 超市　超级市场（スーパーマーケット）の略

A 你 看，这个 手机 怎么样？
　Nǐ kàn, zhèige shǒujī zěnmeyàng?

B 样子 很 漂亮，颜色 也 不错。你 试试。
　Yàngzi hěn piàoliang, yánsè yě búcuò. Nǐ shìshi.

A 很 好用。多少 钱？
　Hěn hǎoyòng. Duōshao qián?

B 十 万 五。 贵 不 贵？
　Shí wàn wǔ. Guì bu guì?

A 有点儿 贵。
　Yǒudiǎnr guì.

填空作文 〰 空欄に語句を入れて、文章を完成させましょう。

弟弟想买 ＿＿＿＿＿＿＿＿。昨天我和他去附近的 ＿＿＿＿＿＿＿＿ 看了一下。那儿的

＿＿＿＿＿＿＿＿ 又漂亮又好用，不过 ＿＿＿＿＿＿＿＿ 贵。还是在网上买便宜。

词 汇

□ 看　見る
□ 样子　デザイン、格好
□ 颜色　色
□ 也　〜も
□ 试试　試してみる
□ 弟弟　弟
□ 和　〜と

□ 了　〜した
□ 一下　ちょっと〜する
□ 那儿　そこ、あそこ
□ 又〜又…　〜でもあり、また…だ
□ 还是　やはり
□ 便宜　（値段が）安い

中文好有趣

・「3割引き」を中国語では「"打７折"(dǎ qī zhé)」と表現します。
・「"买一送一"(mǎi yī sòng yī)」とはどういう意味でしょうか？

第 **8** 课 　 在动物园

大家一起念 　　🎤 A-31

你有啥爱好？　Nǐ yǒu shá àihào?

喜欢养宠物。　Xǐhuan yǎng chǒngwù.

是猫还是狗？　Shì māo háishi gǒu?

是只小壁虎。　Shì zhī xiǎo bìhǔ.

问答练习 💡 🎤 A-32　　　　（重要表現 10 ページの「方向・方位の言い方」を参照）

1. 这个　动物园　有　小熊猫　吗？
Zhèige dòngwùyuán yǒu xiǎoxióngmāo ma?

　　—有，还　有　大象　呢！（考拉／斑马）
　　Yǒu, hái yǒu dàxiàng ne! (kǎolā / bānmǎ)

2. 熊猫　馆 在 哪儿？　　　—在　动物园　北边儿。
Xióngmāo guǎn zài nǎr?　　Zài dòngwùyuán běibianr.

　　　　　　　　　　　　（猴山　旁边／海豚　馆　对面）
　　　　　　　　　　　　(hóushān pángbiān / hǎitún guǎn duìmiàn)

3. 你 喜欢 大 动物 还是 小 动物？
Nǐ xǐhuan dà dòngwù háishi xiǎo dòngwù?

　　—都　喜欢。（我 喜欢 小 动物）
　　Dōu xǐhuan. (Wǒ xǐhuan xiǎo dòngwù)

词汇

□ 动物园　動物園　　　　　　□ 在　〜にある、〜にいる
□ 小熊猫　レッサーパンダ　　□ 北边儿　北側
□ 大象　象　　　　　　　　　□ 猴山　猿山
□ 考拉　コアラ　　　　　　　□ 旁边　そば, となり
□ 斑马　シマウマ　　　　　　□ 海豚　イルカ
□ 熊猫　パンダ　　　　　　　□ 对面　向い側
□ 馆　〜館, 〜舍　　　　　　□ 都　みな、すべて

会话 🔊 A-33

A 这个 动物园 真 大！动物 真 多！
Zhèige dòngwùyuán zhēn dà! Dòngwù zhēn duō!

B 是 啊，有 考拉、小熊猫 和 海豚 什么的，不过 没有 大熊猫。
Shì a, yǒu kǎolā、xiǎoxióngmāo hé hǎitún shénmede, búguò méiyǒu dàxióngmāo.

A 我们 先 去看 海豚 吧。海豚 馆 在 哪儿？
Wǒmen xiān qù kàn hǎitún ba. Hǎitún guǎn zài nǎr?

B 在 动物园 北边儿。走吧。
Zài dòngwùyuán běibianr. Zǒu ba.

填空作文 ✏️ 空欄に "有" か "在" を書き入れ、文章を完成させましょう。

动物园 ＿＿＿＿＿＿＿ 车站南边。那儿 ＿＿＿＿＿＿＿ 各种各样的动物，熊猫特别
有名。动物园附近还 ＿＿＿＿＿＿＿ 一个美术馆和一个池塘，很有意思。

词汇

- □ 是啊　そうですね
- □ 什么的　〜など
- □ 先　先に
- □ 走　歩く、行く
- □ 吧　〜しよう
- □ 车站　駅、停留所
- □ 各种各样　様々な
- □ 特别　特に
- □ 有名　有名だ
- □ 美术馆　美術館
- □ 池塘　池
- □ 有意思　楽しい、おもしろい

➤ 中文好有趣

中国の神獣の画像を検索してみましょう。
A 麒麟 qílín　B 凤凰 fènghuáng　C 龙 lóng　D 龟 guī

第9課 校園生活

A-34

大家一起念

这个好可爱，	Zhèige hǎo kě'ài,
我没带钱包。	Wǒ méi dài qiánbāo.
我有西瓜卡，	Wǒ yǒu Xīguākǎ,
帮你刷一下。	bāng nǐ shuā yíxià.

问答练习 🔦 A-35

（重要表现9ページの「立教の学部学科」を参照）

1. 你 上 大学 几 年级？ ——一 年级。（二 年级 / 大三）
   Nǐ shàng dàxué jǐ niánjí?　　Yī niánjí.　(èr niánjí / dàsān)

2. 你 学 什么 专业？ ——学 经济。（外语 / 体育）
   Nǐ xué shénme zhuānyè?　　Xué jīngjì.　(wàiyǔ / tǐyù)

3. 你 是 哪个 学院 的？ ——是 <u>文</u> 学院 的。（经营 / 社会）
   Nǐ shì něige xuéyuàn de?　　Shì Wén xuéyuàn de. (jīngyíng / shèhuì)

词 汇

□ 上　進学する、~年生になる
□ 年级　学年
□ 大三　大学三年生
□ 学　学ぶ、勉強する
□ 专业　専攻
□ 经济　経済

□ 外语　外国語
□ 体育　体育、スポーツ
□ 哪个　どれ、どの
□ 文学院　文学部
□ 经营学院　経営学部
□ 社会学院　社会学部

会话 🎤 A-36

A 立教大学 的 校园 真 漂亮！这里 有 多少 学生？
Lìjiào Dàxué de xiàoyuán zhēn piàoliang! Zhèli yǒu duōshao xuésheng?

B 大概 有 两 万 人 左右 吧。
Dàgài yǒu liǎng wàn rén zuǒyòu ba.

A 我 是 社会 学院 的，刚 上 一 年级。你呢？
Wǒ shì Shèhuì xuéyuàn de, gāng shàng yī niánjí. Nǐ ne?

B 我 是 法 学院 的，也 是 大一。
Wǒ shì Fǎ xuéyuàn de, yě shì dàyī.

A 那 我们 加 个 微信 吧。
Nà wǒmen jiā ge Wēixìn ba.

填空作文 ✏️ 空欄に "几" か "多少" を書き入れ、対話文を完成させましょう。

1. 你们学院有 _____ 学生？ —不太清楚。/ 不知道。

2. 你家有 _____ 口人？ —三口。爸爸、妈妈和我。

3. 你弟弟 _____ 岁？ —七岁。刚上小学。

词汇

☐ 校园 キャンパス   ☐ 加 加える、（友達に）入れる   ☐ 爸爸 父
☐ 这里 ここ   ☐ 微信 WeChat   ☐ 妈妈 母
☐ 大概 おおよそ、たぶん   ☐ 清楚 理解する、わかる   ☐ 岁 ～歳
☐ 刚 ～したばかり   ☐ 知道 知る   ☐ 小学 小学校
☐ 法学院 法学部   ☐ 你家 あなたの家
☐ 那 それでは、じゃあ   ☐ 口 ～人（世帯人数を数える）

中文好有趣

「"小王"（xiǎo-Wáng）」と「"大王"（dà-Wáng）」と「"老王"（lǎo-Wáng）」は、いずれも「王さん」と訳します。違いは何でしょう？

第10课 来大学

A-37

大家一起念

从家到学校，　　　　Cóng jiā dào xuéxiào,
要坐几分钟？　　　　yào zuò jǐ fēnzhōng?
不用坐电车，　　　　Búyòng zuò diànchē,
走着就能到。　　　　zǒuzhe jiù néng dào.

问答练习 💡　A-38　　　　（重要表現 10 ページの「前置詞」を参照）

1. 去 图书馆 怎么 走？　　　　——一直 走，再 往 右 拐。（左）
　 Qù túshūguǎn zěnme zǒu?　　Yìzhí zǒu, zài wǎng yòu guǎi. (zuǒ)

2. 便利店 离 你 家 远 不 远？　　——不 远。（不太 远 / 很 近）
　 Biànlìdiàn lí nǐ jiā yuǎn bu yuǎn?　Bù yuǎn. (Bútài yuǎn / Hěn jìn)

3. 从 这儿 到 新座 要 多 长 时间？
　 Cóng zhèr dào Xīnzuò yào duō cháng shíjiān?

　　——要 半 个 小时。（一 个 多 小时 / 四十 分钟）
　　Yào bàn ge xiǎoshí. (yí ge duō xiǎoshí / sìshí fēnzhōng)

词汇

- □ 图书馆　図書館
- □ 怎么　どのように
- □ 一直　まっすぐに、ずっと
- □ 再　また、さらに
- □ 往　〜に向かって
- □ 右　右
- □ 拐　曲がる
- □ 左　左
- □ 便利店　コンビニエンスストア
- □ 离　〜から、〜まで

- □ 远　遠い
- □ 近　近い
- □ 从　〜から
- □ 这儿　ここ
- □ 到　〜まで、到達する
- □ 要　（時間やお金が）いる、かかる
- □ 多（＋形容詞）　どれくらい、どれだけ
- □ 时间　時間
- □ 小时　時間の単位、〜時間
- □ 分钟　時間の単位、〜分（間）

A 你 家 离 学校 远 吗?
Nǐ jiā lí xuéxiào yuǎn ma?

B 不太 远。
Bútài yuǎn.

A 你 每天 怎么 来 学校?
Nǐ měitiān zěnme lái xuéxiào?

B 坐 东武线，只 要 十五 分钟。
Zuò Dōngwǔxiàn, zhǐ yào shíwǔ fēnzhōng.

A 太 方便 了!
Tài fāngbiàn le!

填空作文 空欄に "离" か "从" を書き入れ、文章を完成させましょう。

我家 ＿＿＿＿＿ 学校很远，要一个多小时。＿＿＿＿＿ 八王子坐京王线到新

宿，再 ＿＿＿＿＿ 那儿换山手线到池袋。学校 ＿＿＿＿＿ 池袋站不远，很方便。

词汇

□ 每天　每日
□ 来　来る
□ 东武线　東武線
□ 只　〜だけ
□ 方便　便利だ

□ 京王线　京王線
□ 换　乗り換える
□ 山手线　山手線
□ 站　駅、停留所

中文好有趣

A〜Cがどんなスポーツか調べてみましょう。

A 冰壶 bīnghú　　B 抱石 bào shí　　C 电子竞技 diànzǐ jìngjì

第 11 課　　興趣愛好

大家一起念

🎤 A-40

你在学汉语，　　Nǐ zài xué Hànyǔ,

给我说说看。　　gěi wǒ shuōshuo kàn.

我才学半年，　　Wǒ cái xué bàn nián,

只能说两句。　　zhǐ néng shuō liǎng jù.

问答练习 💡　🎤 A-41

1. 你 会 弹 钢琴 吗？　　　—**不 会 弹**。（会 一点儿 / 不太 会）
   Nǐ huì tán gāngqín ma?　　Bú huì tán. (Huì yìdiǎnr / bútài huì)

2. 你 能 游 多 远？　　　　—能 游 五十 米。（两百 米 / 一千米）
   Nǐ néng yóu duō yuǎn?　　Néng yóu wǔshí mǐ. (liǎngbǎi mǐ / yìqiān mǐ)

3. 我 可以 看看 吗？　　　—可以。（没问题 / 不行）
   Wǒ kěyǐ kànkan ma?　　Kěyǐ. (méi wèntí / bù xíng)

词汇

□ 会　〜できる
□ 弹　弾く
□ 钢琴　ピアノ
□ 一点儿　少し
□ 当然　もちろん、当然
□ 能　〜できる

□ 游　泳ぐ
□ 米　メートル
□ 可以　〜できる、〜してもよい
□ 没问题　問題がない
□ 不行　だめ

会话 🎤 A-42

A 你 会 跳 街舞 吗？我 对 街舞 很 感 兴趣。
Nǐ huì tiào jiēwǔ ma? Wǒ duì jiēwǔ hěn gǎn xìngqu.

B 会，我 周末 经常 跳。
Huì, wǒ zhōumò jīngcháng tiào.

A 你 能 教教 我 吗？我 很 想 学。
Nǐ néng jiāojiao wǒ ma? Wǒ hěn xiǎng xué.

B 没 问题。下 个 星期天 一起 来 吧。
Méi wèntí. Xià ge xīngqītiān yìqǐ lái ba.

A 太 好 了！谢谢！
Tài hǎo le! Xièxie!

填空作文 ✏️ 空欄に語句を入れて、文章を完成させましょう。

我喜欢 ＿＿＿＿＿＿＿＿，对 ＿＿＿＿＿＿＿＿特别感兴趣，周末经常 ＿＿＿＿＿＿＿＿。
你也对 ＿＿＿＿＿＿＿＿感兴趣吗？

词汇

- □ 跳　踊る、跳ぶ
- □ 街舞　ストリートダンス
- □ 对　〜に対して、〜について
- □ 感兴趣　興味がある
- □ 周末　週末
- □ 经常　よく、しょっちゅう
- □ 下　次の
- □ 一起　一緒に

中文好有趣

「"对牛弹琴"（duì niú tán qín）」の意味を調べましょう。

第12课　我感冒了

大家一起念　🎤 A-43

天天这么热，　　Tiāntiān zhème rè,

脑子不好使。　　nǎozi bù hǎoshǐ.

快要放暑假，　　Kuàiyào fàng shǔjià,

不用学习了。　　búyòng xuéxí le.

问答练习 💡　🎤 A-44

1. 你 怎么 了?
   Nǐ zěnme le?

   —我 头疼。
   Wǒ tóu téng.

   （嗓子 疼／有点儿 不 舒服）
   (sǎngzi téng / yǒudiǎnr bù shūfu)

2. 你 昨天 怎么 没 来 上课?
   Nǐ zuótiān zěnme méi lái shàngkè?

   —我 感冒 了。（忘／去 迪士尼乐园）
   Wǒ gǎnmào le. (wàng / qù Díshìní lèyuán)

3. 你 的 感冒 怎么样 了?
   Nǐ de gǎnmào zěnmeyàng le?

   —好 多 了。（好 点儿了／还 有点儿 咳嗽）
   Hǎo duō le. (Hǎo diǎnr le / hái yǒudiǎnr késou)

词汇

□ 怎么了 どうしたのか
□ 头 頭
□ 疼 痛い
□ 嗓子 のど
□ 舒服 気分がよい、快適だ
□ 怎么 どうして（いぶかってたずねる）
□ 没 〜しなかった、〜していない

□ 感冒 風邪、風邪をひく
□ 忘 忘れる
□ 迪士尼乐园 ディズニーランド
□ 多了 ずっと、かなり
□ （一)点儿 少し
□ 还 まだ
□ 咳嗽 せき、せきをする

A 你 怎么了？哪儿 不 舒服 吗？
Nǐ zěnme le? Nǎr bù shūfu ma?

B 嗓子 有点儿 疼，还 发烧。
Sǎngzi yǒudiǎnr téng, hái fāshāo.

A 那 你 不用 上课 了，快 回家 吧。
Nà nǐ búyòng shàngkè le, kuài huíjiā ba.

B 没 关系，我 已经 打 疫苗了。
Méi guānxi, wǒ yǐjīng dǎ yìmiáo le.

A 可是 我 还 没 打 呢！
Kěshì wǒ hái méi dǎ ne!

填空作文 ✏ 空欄に語句を入れて、文章を完成させましょう。

她昨天 ＿＿＿＿＿＿＿ 了，发烧，嗓子也 ＿＿＿＿＿＿＿。她吃了药，没去医院。现在 ＿＿＿＿＿＿＿ 了。

词 汇

□ 发烧　熱が出る
□ 不用　〜する必要はない
□ 快　急ぐ、はやく
□ 没关系　大丈夫だ
□ 已经　すでに、もう

□ 打　注射をする
□ 疫苗　ワクチン
□ 吃药　薬を飲む
□ 医院　病院

中文好有趣

「"不见不散"（bú jiàn bú sàn）」の意味を調べましょう。

1 ｜ 買い物する際の値段・評価について 🎙 A-46

① Zhèi jiàn máoyī duōshao qián?　—Liǎng qiān duō Rìyuán.

② Zhèi zhǒng shǒujī guì bu guì?　—Hěn guì.

③ Nǐ cháng zài nǎr mǎi dōngxi?　—Wǒ cháng zài fùjìn de chāoshì mǎi.

④ Zhèige shǒujī yàngzi hěn piàoliang, yánsè yě búcuò.

⑤ Háishi zài wǎngshang mǎi piányi.

2 ｜ 存在・所在について 🎙 A-47

① Zhèi ge dòngwùyuán yǒu xiǎoxióngmāo ma?　—Yǒu, hái yǒu kǎolā ne.

② Xióngmāoguǎn zài nǎr?　—Zài dòngwùyuán běibianr.

③ Zhèige dòngwùyuán méiyǒu dàxióngmāo.

④ Dòngwùyuán fùjìn hái yǒu yí ge měishùguǎn hé yí ge chítáng, hěn yǒu yìsi.

3 ｜ 学校・キャンパスライフについて 🎙 A-48

① Nǐ shàng dàxué jǐ niánjí?　—Yī niánjí.

② Nǐ xué shénme zhuānyè?　—Xué jīngjì.

③ Nǐ shì něige xuéyuàn de?　—Shì Wén xuéyuàn de.

④ Lìjiào Dàxué yǒu duōshao xuésheng?　—Dàgài yǒu liǎng wàn zuǒyòu ba.

4 ｜ 行き方・所要時間について 🎙 A-49

① Qù túshūguǎn zěnme zǒu?　—Yìzhí zǒu, zài wǎng yòu guǎi.

② Biànlìdiàn lí nǐ jiā yuǎn bu yuǎn?　—Bù yuǎn.

③ Cóng zhèr dào Xīnzuò yào duō cháng shíjiān?　—Yào bàn ge xiǎoshí.

④ Nǐ měitiān zěnme lái xuéxiào?　—Zuò Dōngwǔxiàn, zhǐ yào shíwǔ fēnzhōng.

5 ｜ 趣味・特技について 🎙 A-50

① Nǐ huì tán gāngqín ma?　—Bú huì tán.

② Nǐ néng yóu duō yuǎn?　—Néng yóu wǔshí mǐ.

③ Wǒ kěyǐ kànkan ma?　—Kěyǐ.

④ Wǒ duì jiēwǔ hěn gǎn xìngqù.

⑤ Nǐ néng jiāojiao wǒ ma?　—Méi wèntí.

6 ｜ 体調・症状について 🎙 A-51

① Nǐ zěnme le?　—Wǒ tóu téng.

② Nǐ zuótiān zěnme méi lái shàngkè?　—Wǒ gǎnmào le.

③ Nǐ de gǎnmào zěnmeyàng le?　—Hǎo duō le.

④ Nǎr bù shūfu ma?　—Sǎngzi yǒudiǎnr téng, hái fāshāo.

1 │ 買い物する際の値段・評価について 🎤 A-46

① 这件毛衣多少钱？ —两千多日元。

② 这种手机贵不贵？ —很贵。

③ 你常在哪儿买东西？ —我常在附近的超市买。

④ 这个手机样子很漂亮，颜色也不错。

⑤ 还是在网上买便宜。

2 │ 存在・所在について 🎤 A-47

① 这个动物园有小熊猫吗？ —有，还有考拉呢。

② 熊猫馆在哪儿？ —在动物园北边儿。

③ 这个动物园没有大熊猫。

④ 动物园附近还有一个美术馆和一个池塘，很有意思。

3 │ 学校・キャンパスライフについて 🎤 A-48

① 你上大学几年级？ —一年级。

② 你学什么专业？ —学经济。

③ 你是哪个学院的？ —是文学院的。

④ 立教大学有多少学生？ —大概有两万左右吧。

4 │ 行き方・所要時間について 🎤 A-49

① 去图书馆怎么走？ —一直走，再往右拐。

② 便利店离你家远不远？ —不远。

③ 从这儿到新座要多长时间？ —要半个小时。

④ 你每天怎么来学校？ —坐东武线，只要十五分钟。

5 │ 趣味・特技について 🎤 A-50

① 你会弹钢琴吗？ —不会弹。

② 你能游多远？ —能游五十米。

③ 我可以看看吗？ —可以。

④ 我对街舞很感兴趣。

⑤ 你能教教我吗？ —没问题。

6 │ 体調・症状について 🎤 A-51

① 你怎么了？ —我头疼。

② 你昨天怎么没来上课？ —我感冒了。

③ 你的感冒怎么样了？ —好多了。

④ 哪儿不舒服吗？ —嗓子有点儿疼，还发烧。

汉语入门

中国語

　皆さんがこれから学んでいく中国語は、中華人民共和国において公用語と定められたもので、"普通话 pǔtōnghuà"と呼ばれます。北京音を標準音としています。

中国語圏

　広義の中国語が公用語として通用する地域は中華人民共和国に限りません。中華民国（台湾）とシンガポールを含め中国語圏と呼ばれます。

漢字

　中国語は漢字で表記されますが、漢字は大きく2つの字体体系に分類されます。

繁体字：台湾、香港、マカオなどが使用する。
簡体字：中華人民共和国が使用する。

日本の現行の漢字との比較

繁体字	簡体字	日本の漢字
實　驗	实　验	実　験

普通話と方言

　中国語は"汉语 Hàn yǔ"ともいい、漢民族が使う言語です。中国語には「普通話」のほか、北方方言（北京など）、呉方言（上海など）、粤方言（広東、香港など）、閩方言（福建、台湾など）、湘方言（湖南）、贛方言（江西、湖北）、客家方言（客家居住区）の7つの方言に分けられます。中国には人口の93%を占める漢民族以外に55の少数民族がいて、その多くが独自の言語を使用しています。

ピンイン

　中国語の漢字の発音はピンイン（"拼音"pīnyīn）で表します。"拼"は中国語で「組み合わせ」の意味です。これはローマ字式の表音表記です。ピンインは「子音＋母音＋声調」によって構成されます。

xióng　　　māo　　　　　　piào　　liang
熊　　　　　猫　　　　　　　漂　　　亮

声調

個々の漢字音は固有の「声調」を持ちます。

中国語の声調は全部で4つのため「四声」と呼びます。

| mā 妈 | má 麻 | mǎ 马 | mà 骂 |

第1声 高め、長い。「あ」よりも「あー」のイメージ。
第2声 あげる、長い。だんだん強くなる。「えー?!」のイメージ。
第3声 低め、短い。がっくりしてため息をつくように。
第4声 高い所から急激に下げる、短い。

単母音

a 「あー」より口を大きくあける。

o 「おー」より唇を突き出す。

e 喉の奥から出す音。口を横に引き、半開きに。

i (yi) 口を思い切って横に開き、舌を少し前よりに。

u (wu) 「ウー」より唇を突き出し、舌の奥を盛り上げる。

ü (yu) （iと同じ）舌を少し前より。（uと同じ）唇を突き出す。

er 舌を上にそり上げて喉から出す音。

（重要表現6ページの「人称代詞」、11ページ「基本的な語順」を参照）

会話 🎙 B-1

A： 你 好！
Nǐ hǎo!

B： 你 好！您 贵姓？
Nǐ hǎo! Nín guìxìng?

A： 我 姓 林，叫 林 森。
Wǒ xìng Lín, jiào Lín Sēn.

请问，你 叫 什么 名字？
Qǐngwèn, nǐ jiào shénme míngzi?

B： 我 叫 铃木 未来。请 多 指教！
Wǒ jiào Língmù Wèilái. Qǐng duō zhǐjiào!

短文 🌿 🎙 B-2

我 今天 不 上课。
Wǒ jīntiān bú shàngkè.

上午 去 买 东西，下午 去 打工。
Shàngwǔ qù mǎi dōngxi, xiàwǔ qù dǎgōng.

晚上 去 餐厅 吃 饭。
Wǎnshang qù cāntīng chī fàn.

你 今天 上课 吗？
Nǐ jīntiān shàngkè ma?

文法ポイント 📖   🎤 B-3 （重要表現6ページの「疑問詞」を参照）

1 動詞述語文

- 動詞述語文は「主語」＋「動詞」＋「目的語」の語順が基本です。

> **主語 ＋ 動詞 ＋ 目的語**

① 他来。　　　　　　　　　Tā lái.
② 我吃面包。　　　　　　　Wǒ chī miànbāo.

- 否定形は動詞の前に"不"（bù）をつけます。

> **主語 ＋ "不" ＋ 動詞 ＋ 目的語**

③ 我不喝咖啡。　　　　　　Wǒ bù hē kāfēi.
④ 她不打篮球。　　　　　　Tā bù dǎ lánqiú.

- 文末に"吗"（ma）をつけるか、疑問詞を使って疑問を表すことができます。
⑤ 你要笔吗？　　　　　　　Nǐ yào bǐ ma?
⑥ 你买什么？　　　　　　　Nǐ mǎi shénme?

2 連動文

- 「連動文」は動詞句が複数並びます。主に動作の発生順に並べます。

> **主語 ＋ 動詞句① ＋ 動詞句②**

⑦ 他来日本学日语。　　　　Tā lái Rìběn xué Rìyǔ.
⑧ 我去书店买杂志。　　　　Wǒ qù shūdiàn mǎi zázhì.

新出単語

你：あなた　好：よい　你好：こんにちは　您：あなた（丁寧）　貴姓：お名前　我：私
姓：～という姓だ　叫：～という名前だ　林森：林森（人名）　请问：お尋ねします
什么：なに、どんな　名字：名前　铃木未来：鈴木未来（人名）　请多指教：どうぞよろしくお願いします
今天：今日　不：～しない　上课：授業を受ける　上午：午前　去：行く　买：買う　东西：もの
下午：午後　打工：アルバイトする　晚上：夜　餐厅：レストラン　吃：食べる　饭：ごはん、食事
吗：～か（疑問を表す）　他：彼　来：来る　面包：パン　喝：飲む　咖啡：コーヒー　她：彼女
打：球技をする　篮球：バスケットボール　要：いる、ほしい　笔：ペン　日本：日本　学：学ぶ
日语：日本語　书店：書店　杂志：雑誌

基礎編 第**3**課 你喜欢旅游吗？

会話 🎤 B-4

A： 你　喜欢　旅游　吗？
　　Nǐ　xǐhuan　lǚyóu　ma?

B： 喜欢。
　　Xǐhuan.

A： 你　今年　想　去　哪儿　玩儿？
　　Nǐ　jīnnián　xiǎng　qù　nǎr　wánr?

B： 我　想　去　中国　看看。
　　Wǒ　xiǎng　qù　Zhōngguó　kànkan.

短文 🌱 🎤 B-5

今天　小王　和 小李 去 吃 晚饭。
Jīntiān xiǎo-Wáng hé xiǎo-Lǐ qù chī wǎnfàn.

小王　　想 吃 肉，小李 要 吃 寿司。
Xiǎo-Wáng xiǎng chī ròu, xiǎo-Lǐ yào chī shòusī.

1　"喜欢"

• 動詞句などの前に"喜欢"を置き、「～するのが好きだ」という意味を表します。

> **主語**＋**"喜欢"**(xǐhuan)＋**動詞句など**

　① 我喜欢上网。　　　　　Wǒ xǐhuan shàngwǎng.
　② 他不喜欢运动。　　　　Tā bù xǐhuan yùndòng.

2　助動詞 "想"

• 動詞の前に"想"を置き、「～したい」という願望を表します。

> **主語**＋**"想"**(xiǎng)＋**動詞句**

　③ 我想看电影。　　　　　Wǒ xiǎng kàn diànyǐng.
　④ 我不想去唱歌。　　　　Wǒ bù xiǎng qù chàng gē.

3　助動詞 "要"

• 動詞の前に"要"を置き、「～したい」という願望を表します。
• 否定形は"不想"とします。

> **主語**＋**"要"**(yào)＋**動詞句**
> **主語**＋**"不想"**(bù xiǎng)＋**動詞句**

　⑤ 我要回家。　　　　　　Wǒ yào huí jiā.
　⑥ 我不想写报告。　　　　Wǒ bù xiǎng xiě bàogào.

新出単語

喜欢：好きだ　旅游：旅行する　今年：今年　想：～したい　哪儿：どこ　玩儿：遊ぶ
中国：中国　看：見る、読む　～看：～してみる　小～：～さん、～君（友人や目下の人に対する親しみを表す）
王：王(姓)　李：李(姓)　和：～と　晚饭：夕食　肉：肉　要：～したい　寿司：寿司
上网：インターネットにアクセスする　运动：運動、スポーツ　电影：映画　唱：歌う　歌：歌
回：帰る、戻る　家：家　写：書く　报告：レポート

第4课　汉语难不难？

会話 🎙 B-7

A：汉语　难　不　难？
　　Hànyǔ　nán　bu　nán?

B：汉语　不　难，很　有　意思。
　　Hànyǔ　bù　nán,　hěn　yǒu　yìsi.

　　不过，发音　很　难。
　　Búguò,　fāyīn　hěn　nán.

A：你　的　发音　真　棒　啊！
　　Nǐ　de　fāyīn　zhēn　bàng　a!

B：真的　吗？　谢谢！
　　Zhēn de　ma?　Xièxie!

短文 🎙 B-8

我　每天　早上　去　公园　散步。
Wǒ měitiān zǎoshang qù gōngyuán sànbù.

那里　的　风景　很　漂亮。我　觉得　非常　舒服。
Nàli　de fēngjǐng hěn piàoliang. Wǒ juéde fēicháng shūfu.

文法ポイント B-9

1 形容詞述語文

- 平叙文では形容詞の前に"很"などの副詞を置きます。
- 否定形は形容詞の前に"不"を置きます。このとき"很"は不要です。
- 疑問文でも"很"は不要です。

主語 + "很" + 形容詞

① 天气很好。　　　　　Tiānqì hěn hǎo.
② 今天不冷。　　　　　Jīntiān bù lěng.
③ 菜好吃吗？　　　　　Cài hǎochī ma?
④ 昨天很热。　　　　　Zuótiān hěn rè.

- "很"以外の程度を表す副詞
⑤ 风景真漂亮！　　　　Fēngjǐng zhēn piàoliang!
⑥ 机票太贵了！　　　　Jīpiào tài guì le!

2 反復疑問文

- 述語となる動詞や形容詞などを「肯定形と否定形で並べて疑問を表すこと」ができます。このとき文末に"吗"は不要です。

主語 + 肯定形 + 否定形

⑦ 你忙不忙？　　　　　Nǐ máng bu máng?
⑧ 你们喝不喝茉莉花茶？　Nǐmen hē bu hē mòlìhuāchá?

新出単語

汉语：中国語　难：難しい　不过：しかし　很：とても　有意思：面白い　的：～の
发音：発音　真：本当に　棒：すばらしい　啊：感嘆の語気を表す　真的吗：本当ですか
谢谢：ありがとう　每天：毎日　早上：朝　公园：公園　散步：散歩する　那里：そこ、あそこ
风景：風景、景色　漂亮：美しい　觉得：～と思う　非常：とても、非常に　舒服：気持ちがよい、快適
天气：天気　好：良い　冷：寒い　菜：料理、おかず　好吃：おいしい　昨天：昨日　热：暑い、熱い
机票：航空チケット　太～了：たいへん～だ、～すぎる　贵：(値段が)高い　忙：忙しい
你们：あなたたち　茉莉花茶：ジャスミン茶

第5课 草莓奶茶多少钱?

会話 🔊 B-10

A： 草莓　奶茶　多少　钱？
　　Cǎoméi　nǎichá　duōshao　qián?

B： 十　块　钱　一　杯。
　　Shí　kuài　qián　yì　bēi.

A： 那　芒果　奶茶　呢？
　　Nà　mángguǒ　nǎichá　ne?

B： 芒果　奶茶　也　是　十　块。
　　Mángguǒ　nǎichá　yě　shì　shí　kuài.

短文 🔊 B-11

明天　六　月　八　号，是　我　的　生日。
Míngtiān　liù　yuè　bā　hào, shì　wǒ　de　shēngrì.

我　今年　十九　岁　了。
Wǒ　jīnnián　shíjiǔ　suì　le.

我　打算　明天　跟　朋友　一起　去　迪士尼乐园。
Wǒ　dǎsuàn　míngtiān　gēn　péngyou　yìqǐ　qù　Díshìní lèyuán.

那儿　人　很　多，我们　想　早点儿　去。
Nàr　rén　hěn　duō, wǒmen　xiǎng　zǎodiǎnr　qù.

中国を調べよう！ ✏️

Ⓐ　中国人の代表的な姓を５つ挙げてみましょう。

Ⓑ　２文字以上の姓にどんなものがあるか調べてみましょう。

1 名詞述語文

- "是"(shì)は断定を表す動詞です。「A＋"是"＋B」で「A は B です」という意味になります。"是"を省略して、後ろにある名詞を述語にするのが「名詞述語文」です。

- 否定の副詞などをつける場合、"是"は省略できません。

> **主語＋述語（名詞）**

① 面包八块（钱）。　　Miànbāo bā kuài(qián).

② 昨天不是星期一。　　Zuótiān bú shì xīngqīyī.

2 文末の"了"

- 助詞"了"は文末に置いて「状況の変化」や「新しい状況が出現した」というニュアンスを表します。

> **主語＋述語句＋"了"**

③ 我二十岁了。　　Wǒ èrshí suì le.

④ 现在不冷了。　　Xiànzài bù lěng le.

3 主述述語文

- 主述述語文は述語部分が「主語＋述語」で構成されています。

> **主語＋** | **述語句** |
> | **主語＋述語** |

⑤ 北京夏天很热。　　Běijīng xiàtiān hěn rè.

⑥ 我工作不忙。　　Wǒ gōngzuò bù máng.

新出単語

草莓奶茶：(タピオカ) イチゴミルクティー　多少：どのくらい　钱：お金　多少钱：いくら
块：〜元(単位)　杯：〜杯　那：では、それなら　芒果奶茶：(タピオカ) マンゴーミルクティー
呢：〜は?　也：〜も　是：〜である　明天：明日　月：〜月　号：〜日　生日：誕生日
岁：〜歳　了：〜になる、〜になった　打算：〜するつもりだ　跟：〜と　朋友：友人
一起：いっしょに　迪士尼乐园：ディズニーランド　那儿：そこ、あそこ　人：人　多：多い
我们：私たち　早：(時間的に) 早い　(一)点儿：少し　早点儿：早めに　星期一：月曜日
现在：今、現在　北京：北京　夏天：夏　工作：仕事

第 **6** 课 | ## 你有驾照吗？

[会話] 🔊 B-13

A: 你　有　驾照　吗？
　　Nǐ　yǒu　jiàzhào　ma?

B: 有，我　有　两　个　驾照。
　　Yǒu,　wǒ　yǒu　liǎng　ge　jiàzhào.

A: 真的　吗？　我　想　看看。
　　Zhēn de　ma?　Wǒ　xiǎng　kànkan.

B: 你　看，这个　是　日本　的，这个　是　中国　的。
　　Nǐ　kàn,　zhèige　shì　Rìběn　de,　zhèige　shì　Zhōngguó　de.

[短文] 🔊 B-14

田中　　家 有 三 口 人。
Tiánzhōng　jiā　yǒu　sān　kǒu　rén.

有 爸爸、妈妈 和 他，还 有 一 只 小狗。
Yǒu bàba、 māma hé tā, hái yǒu yì zhī xiǎogǒu.

我 家 没有 小狗。我 很 羡慕 他。
Wǒ jiā méiyǒu xiǎogǒu. Wǒ hěn xiànmù tā.

中国を調べよう！ ✏

Ⓐ 中国語のいとこの表記について調べてみましょう。

Ⓑ 中国語のおじ、おばにはいくつ呼称があるのか調べましょう。

1 所有表現

- 動詞"有"は「A +"有"+ B」で「A は B を持っている（がある／いる）」という意味を表します。否定形は"没有"とします。

> **主語 +"有"**(yǒu)**＋ 目的語**

① 我有护照。   Wǒ yǒu hùzhào.

② 他没有弟弟。   Tā méiyǒu dìdi.

2 量詞と指示代詞

- 量詞とは日本語の「〜冊、〜本」のようなモノなどを数える時に使う単位で「数＋量詞＋名詞」の順で表現します。指示代詞と組み合わせて使うこともできます。

> **数＋量詞＋名詞**
> **指示代詞＋（数）＋量詞＋名詞**

③ 我要两张票。   Wǒ yào liǎng zhāng piào.

④ 那（一）条河很长。   Nà (yì) tiáo hé hěn cháng.

⑤ 这（一）本书是我的。   Zhè (yì) běn shū shì wǒ de.

⑥ 我买这个（表）。   Wǒ mǎi zhèige (biǎo).

3 数をたずねる疑問詞

- 主に 10 未満の数が回答になると予想される場合は"几"(jǐ) を、10 以上の大きい数が予想される場合、また見当がつかない場合は"多少"(duōshao) を使います。"几"の後ろには必ず量詞を置きます。

⑦ 你有几本词典？   Nǐ yǒu jǐ běn cídiǎn?

⑧ 你们班有多少（个）学生？   Nǐmen bān yǒu duōshao (ge) xuésheng?

新出単語

有：ある、持っている、いる　驾照：免許証　两：(数量を数える) 2　个：〜個、〜人　看看：ちょっと見る
这：これ、この　这个：これ、この　田中：田中(姓)　口：(家族全体を数える)〜人　爸爸：父　妈妈：母
还：あと、さらに　只：(動物を数える)〜匹　小狗：子犬　没有：ない、持っていない、いない
羡慕：うらやむ　护照：パスポート　弟弟：弟　张：(平面を持つものを数える)〜枚
票：切符、チケット　那：あの、その　条：(細長いものを数える)〜本　河：川　长：長い　本：〜冊
书：本　表：腕時計　几：いくつ　词典：辞書　班：クラス　学生：学生

基础｜第 2 課

1 動詞述語文

① 他来。　　　　　　Tā lái.

② 我吃面包。　　　　Wǒ chī miànbāo.

③ 我不喝咖啡。　　　Wǒ bù hē kāfēi.

④ 她不打篮球。　　　Tā bù dǎ lánqiú.

⑤ 你要笔吗？　　　　Nǐ yào bǐ ma?

⑥ 你买什么？　　　　Nǐ mǎi shénme?

2 連動文

⑦ 他来日本学日语。　Tā lái Rìběn xué Rìyǔ.

⑧ 我去书店买杂志。　Wǒ qù shūdiàn mǎi zázhì.

基础｜第 3 課

1 "喜欢"

① 我喜欢上网。　　　Wǒ xǐhuan shàngwǎng.

② 他不喜欢运动。　　Tā bù xǐhuan yùndòng.

2 助動詞 "想"

③ 我想看电影。　　　Wǒ xiǎng kàn diànyǐng.

④ 我不想去唱歌。　　Wǒ bù xiǎng qù chàng gē.

3 助動詞 "要"

⑤ 我要回家。　　　　Wǒ yào huí jiā.

⑥ 我不想写报告。　　Wǒ bù xiǎng xiě bàogào.

基础｜第 4 課

1 形容詞述語文

① 天气很好。　　　　Tiānqì hěn hǎo.

② 今天不冷。　　　　Jīntiān bù lěng.

③ 菜好吃吗？　　　　Cài hǎochī ma?

④ 昨天很热。　　　　Zuótiān hěn rè.

⑤ 风景真漂亮！　　　Fēngjǐng zhēn piàoliang!

⑥ 机票太贵了！　　　Jīpiào tài guì le!

2 反復疑問文

⑦ 你忙不忙？　　　　Nǐ máng bu máng?

⑧ 你们喝不喝茉莉花茶？　Nǐmen hē bu hē mòlìhuāchá?

1 名詞述語文

① 面包八块（钱）。　　Miànbāo bā kuài(qián).

② 昨天不是星期一。　　Zuótiān bú shì xīngqīyī.

2 文末の"了"

③ 我二十岁了。　　Wǒ èrshí suì le.

④ 现在不冷了。　　Xiànzài bù lěng le.

3 主述述語文

⑤ 北京夏天很热。　　Běijīng xiàtiān hěn rè.

⑥ 我工作不忙。　　Wǒ gōngzuò bù máng.

1 所有表現

① 我有护照。　　Wǒ yǒu hùzhào.

② 他没有弟弟。　　Tā méiyǒu dìdi.

2 量詞と指示代詞

③ 我要两张票。　　Wǒ yào liǎng zhāng piào.

④ 那（一）条河很长。　　Nà (yì) tiáo hé hěn cháng.

⑤ 这（一）本书是我的。　　Zhè (yì) běn shū shì wǒ de.

⑥ 我买这个（表）。　　Wǒ mǎi zhèige (biǎo).

3 数をたずねる疑問詞

⑦ 你有几本词典？　　Nǐ yǒu jǐ běn cídiǎn?

⑧ 你们班有多少（个）学生？　　Nǐmen bān yǒu duōshao (ge) xuésheng?

基礎編　第 **7** 課　| 那儿有巧克力。

会話 🎙 B-16

A： 我　肚子　饿　了。
Wǒ　dùzi　è　le.

B： 那儿　有　巧克力。你　自己　吃　吧。
Nàr　yǒu　qiǎokèlì.　Nǐ　zìjǐ　chī　ba.

A： 在　哪儿　呢？
Zài　nǎr　ne?

B： 就　在　那个　盒子　里。
Jiù　zài　nèige　hézi　li.

短文 🌱 B-17

池袋　校区　没有　操场。
Chídài xiàoqū méiyǒu cāochǎng.

不过　校区　里　有　一　个　体育中心。
Búguò xiàoqū li yǒu yí ge tǐyù zhōngxīn.

体育中心　在　六号馆　旁边儿。
Tǐyù zhōngxīn zài liù hào guǎn pángbiānr.

里面　有　体育馆　和　游泳池。
Lǐmian yǒu tǐyùguǎn hé yóuyǒngchí.

我　很　喜欢　去　那儿　锻炼　身体。
Wǒ hěn xǐhuan qù nàr duànliàn shēntǐ.

中国を調べよう！ ✏

Ⓐ 「"省会"（shěnghuì）」の意味について調べてみましょう。

Ⓑ 「陝西省」「四川省」「江蘇省」の "省会" を調べてみましょう。

文法ポイント 📋

🎤 B-18 （重要表現 9 ページの「地名」と 10 ページ「方向・方位の言い方」を参照）

1 存在表現

• 「場所＋"有"＋人・物」で「〜には…がある／いる」という意味を表します。否定形は"没有"とします。

> 場所＋**"有"**(yǒu)＋**人／物**
> 【不特定】

① 教室里有两个学生。　　Jiàoshì li yǒu liǎng ge xuésheng.

② 这儿没有医院。　　　　Zhèr méiyǒu yīyuàn.

③ 房间里有没有 Wi-fi?　　Fángjiān li yǒu méiyǒu Wi-fi?

2 所在表現

• 「人・物＋"在"＋場所」で「…は〜にある／いる」という意味を表します。否定形は"不在"とします。

> **人／物**＋**"在"**(zài)＋**場所**
> 【特定】

④ 牛奶在冰箱里。　　　　Niúnǎi zài bīngxiāng li.

⑤ 小王不在办公室。　　　Xiǎo-Wáng bú zài bàngōngshì.

⑥ 你家在哪儿？　　　　　Nǐ jiā zài nǎr?

3 "有" 構文と "在" 構文

⑦ 教室里有很多学生。　　Jiàoshì li yǒu hěn duō xuésheng.

⑧ 学生们都在教室里。　　Xuéshengmen dōu zài jiàoshì li.

新出単語

肚子：お腹　饿：お腹がすいている　巧克力：チョコレート　自己：自分　吧：〜してください

在：いる、ある　呢：疑問詞疑問文の文末で語気を和らげる　就：まさに　那个：それ、その

盒子：箱　里：中　池袋：池袋　校区：キャンパス　操场：グラウンド　体育中心：スポーツセンター

号馆：〜号館　旁边儿：そば、となり　里面：中　体育馆：体育館　游泳池：プール

锻炼：鍛える、鍛錬する　身体：体　教室：教室　这儿：ここ　医院：病院　房间：部屋　牛奶：牛乳

冰箱：冷蔵庫　王：王（姓）　办公室：オフィス、事務室　多：多い　们：〜たち　都：みな、すべて

基礎編

第 **8** 课 | # 我在写报告呢。

会話 🎤 B-19

A： 你　在　干　什么　呢？
　　Nǐ　zài　gàn　shénme　ne?

B： 我　在　写　报告　呢。
　　Wǒ　zài　xiě　bàogào　ne.

A： 你　在　哪儿　写　呢？
　　Nǐ　zài　nǎr　xiě　ne?

B： 我　在　五号馆　写　呢。你　快　来　帮帮　我　吧！
　　Wǒ　zài　wǔ hàoguǎn　xiě　ne.　Nǐ　kuài　lái　bāngbang　wǒ　ba!

短文 🌱 🎤 B-20

这个　周末　我　打算　和　小刘　一起　去　看　电影。
Zhèige　zhōumò　wǒ　dǎsuàn　hé　xiǎo-Liú　yìqǐ　qù　kàn　diànyǐng.

现在　我们　正在　网上　订票、选　座位。
Xiànzài　wǒmen　zhèng zài　wǎngshang　dìngpiào、xuǎn　zuòwèi.

我　平时　喜欢　坐　通道　旁边，
Wǒ　píngshí　xǐhuan　zuò　tōngdào　pángbiān,

可是　小刘　喜欢　坐　中间。
kěshì　xiǎo-Liú　xǐhuan　zuò　zhōngjiān.

我　在　考虑　怎么办　好　呢。
Wǒ　zài　kǎolǜ　zěnme bàn　hǎo　ne.

中国を調べよう！ ✏️

Ⓐ 中国の貨幣単位について調べましょう。

Ⓑ 今日の人民元と日本円の為替レートについて調べましょう。

56

文法ポイント 📖 🎤 B-21

1 進行を表す副詞 "在"

- 「"在"＋動詞句」で「～している」という動作の進行を表します。
- "正"「ちょうど（まさに）」を"在"の前に置き、進行のニュアンスを強めたり、文末に同じく進行を表す"呢"を置くこともあります。
- 否定形は「"没（在）"＋動詞句」とします。

> **主語**＋**"在"**(zài)＋**動詞句**

① 他们（正）在开会（呢）。　　　Tāmen (zhèng)zài kāihuì (ne).
② 我没在听音乐。　　　　　　　Wǒ méi zài tīng yīnyuè.

2 動作の行われる場所を表す前置詞 "在"

- 「"在"＋場所」で「～で」という意味を表します。

> **主語**＋**"在"**(zài)＋**場所**＋**動詞句**

③ 他在书店买杂志。　　　　　　　　Tā zài shūdiàn mǎi zázhì.
④ 我每天都在便利店买饮料。　　　　Wǒ měitiān dōu zài biànlìdiàn mǎi yǐnliào.

- 否定形は"在"の前に"不"や"没"を置きます。
    ⑤ 我没在食堂吃饭，还在路上呢。　Wǒ méi zài shítáng chīfàn, hái zài lùshang ne.
    ⑥ 我平时不在食堂吃饭。　　　　　Wǒ píngshí bú zài shítáng chīfàn.

新出単語

在：～ている、（場所）～で　干：する、やる　呢：～ている（動作や状態の持続を表す）　快：（速度が）速い
帮：手伝う、助ける　周末：週末　刘：劉（姓）　先：まず、先に　网上：インターネット上
订票：切符を予約する　正：ちょうど、まさに　选：選ぶ　座位：座席　平时：ふだん　坐：座る、乗る
通道：通路　可是：しかし　中间：真ん中、中央　考虑：考慮する、考える　怎么办：どうするか
他们：彼ら　正在：ちょうど～している　开会：会議をする　没：～していない、～しなかった　听：聞く
音乐：音楽　便利店：コンビニエンスストア　饮料：飲み物　食堂：食堂　还：まだ
路上：道路の上、途中

第9課　我去买了一瓶水。

会話 🎙 B-22

A： 你　刚才　去　便利店　了　吗？
Nǐ　gāngcái　qù　biànlìdiàn　le　ma?

B： 是　呀，我　去　买了　一　瓶　水。
Shì　ya,　wǒ　qù　mǎile　yì　píng　shuǐ.

A： 吃　的　东西　买　了　吗？
Chī　de　dōngxi　mǎi　le　ma?

B： 没　买。我　想　吃　的　面包　今天　没有。
Méi　mǎi.　Wǒ　xiǎng　chī　de　miànbāo　jīntiān　méiyǒu.

短文 🎙 B-23

小孙　　睡前　看　视频　了。
Xiǎo-Sūn　shuì qián　kàn　shìpín　le.

他　看了　两　三　个　视频，就　有点儿　困　了。
Tā　kànle　liǎng sān　ge　shìpín,　jiù　yǒudiǎnr　kùn　le.

到了十二点，他　关了　灯　就　睡　了。
Dàole shí'èr diǎn,　tā　guānle　dēng　jiù　shuì　le.

中国を調べよう！ ✏️

Ⓐ 自分の知っている中国のお茶を挙げてみましょう。

Ⓑ 中国のお茶の種類について調べてみましょう。

完了を表す助詞 "了"

- 動詞のあとに助詞 "了" を置くと動作の実現・完了を表します。

  多くの場合は「動詞 + "了" + (数量詞などの修飾成分がつく) 名詞」のかたちになります。

  ① 我写了一封信。　　　　　　　　Wǒ xiěle yì fēng xìn.

  ② 他买了杂志和书。　　　　　　　Tā mǎile zázhì hé shū.

- 「動詞 + 名詞 + "了"」となる場合もあります。

  ③ 他已经去学校了。　　　　　　　Tā yǐjīng qù xuéxiào le.

  ④ 我吃午饭了。　　　　　　　　　Wǒ chī wǔfàn le.

- 否定形は "没 (有)" を動詞の前に置きます。このとき "了" は取ります。

  ⑤ 他还没来。　　　　　　　　　　Tā hái méi lái.

  ⑥ 我今天没去医院。　　　　　　　Wǒ jīntiān méi qù yīyuàn.

- 「動詞 + "了" + 名詞」の後に文が続くと「～してから…する」という意味を表します。

  ⑦ 我到了上海就去见他。　　　　　Wǒ dàole Shànghǎi jiù qù jiàn tā.

  ⑧ 我明天下了课去打工。　　　　　Wǒ míngtiān xiàle kè qù dǎgōng.

新出単語

刚才：先ほど、ついさっき　　了：～した (完了を表す)　　是呀：そうです

瓶：～本、瓶状の容器に入っているものを数える　　水：水　　孙：孙 (姓)　　睡前：寝る前　　视频：動画

突然：突然　　就：すぐに　　有点儿：少し (好ましくないこと)　　困：眠い　　到：到達する　　点：～時

关：(機械などの運転を) 止める、(開いているものを) 閉める　　灯：灯り、電灯　　睡：寝る　　封：～通

信：手紙　　已经：もう、すでに　　走：歩く、行く　　午饭：昼食、ランチ　　到：着く　　上海：上海

下课：授業が終わる

第 **10** 课 | 你去过健身房吗？

会話 🎤 B-25

A：你　去过　健身房　吗？
　　Nǐ　qùguo　jiànshēnfáng　ma?

B：没　去过。你　呢？
　　Méi　qùguo.　Nǐ　ne?

A：我　入　会　了，一　个　星期　去　两　三　次。
　　Wǒ　rù　huì　le,　yí　ge　xīngqī　qù　liǎng　sān　cì.

B：真　厉害！我　也　很　想　去　体验　一下！
　　Zhēn　lìhai!　Wǒ　yě　hěn　xiǎng　qù　tǐyàn　yíxià!

短文 🌱 🎤 B-26

今天　有　考试。我　昨天　晚上　复习了　两　个　小时。
Jīntiān　yǒu　kǎoshì.　Wǒ　zuótiān　wǎnshang　fùxíle　liǎng　ge　xiǎoshí.

不过，这个　学期　学　的　东西　太　多　了，
Búguò,　zhèige　xuéqī　xué　de　dōngxi　tài　duō　le,

刚才　我　又　复习了　一　遍。
Gāngcái　wǒ　yòu　fùxíle　yí　biàn.

哟，老师　来　了！赶紧　再　看　一　眼。
Yō,　lǎoshī　lái　le!　Gǎnjǐn　zài　kàn　yì　yǎn.

中国を調べよう！ ✏️

Ⓐ 自分が知っている中国史上の人物を挙げてみましょう。

Ⓑ 自分の気になる存命する中国人を挙げてみましょう。

文法ポイント 📄 🎤 B-27

1 経験を表す助詞 "过"

- 動詞のあとに助詞 "过" を置くと「～したことがある」という経験を表します。

　① 我包过饺子。　　　　　　　Wǒ bāoguo jiǎozi.
　② 他还没吃过寿司。　　　　　Tā hái méi chīguo shòusī.

2 動作の時間量

- 時間量を表すフレーズを動詞のあとに置いて動作の時間量を表します。

　③ 我每天都学两个小时汉语。　Wǒ měitiān dōu xué liǎng ge xiǎoshí Hànyǔ.
　④ 咱们休息一会儿吧。　　　　Zánmen xiūxi yíhuìr ba.
　⑤ 我今天看了两个小时电视。　Wǒ jīntiān kànle liǎng ge xiǎoshí diànshì.
　⑥ 他在中国工作过一年。　　　Tā zài Zhōngguó gōngzuòguo yì nián.

3 動作の回数

- 回数を表すフレーズを動詞のあとに置いて動作の回数（動作量）を表します。

　⑦ 他来过两次日本。　　　　　Tā láiguo liǎng cì Rìběn.
　⑧ 这本小说，我看过一遍。　　Zhèi běn xiǎoshuō, wǒ kànguo yí biàn.

新出単語

过：～したことがある　健身房：スポーツジム　入会：入会する　星期：～週間　次：～回
厉害：すごい、ひどい　体验：体験する　一下：ちょっと、少し　考试：試験、テスト　昨天：昨日
复习：復習する　小时：～時間　学期：学期　东西：もの　又：また　遍：～回　哟：あら（軽い驚きを伴う）
赶紧：大急ぎで　再：また、さらに　眼：目を使う動作の回数を表す　包：包む　饺子：ギョーザ（水ギョーザ）
寿司：寿司　咱们：私たち（必ず聞き手を含む）　休息：休む、休憩する　一会儿：しばらくの間
吧：～しましょう　电视：テレビ　工作：働く、仕事する　年：～年　小说：小説

会話 🔊 B-28

A: 爷爷， 你 会 用 微信 支付 吗？
Yéye, nǐ huì yòng Wēixìn zhīfù ma?

B: 不 会， 从来 没 用过。
Bú huì, cónglái méi yòngguo.

甜甜， 你 能 教教 我 吗？
Tiántian, nǐ néng jiāojiao wǒ ma?

A: 好 啊， 看 一下 您 的 微信号 可以 吗？
Hǎo a, kàn yíxià nín de Wēixìnhào kěyǐ ma?

B: 你 看， 是 不 是 这个？
Nǐ kàn, shì bu shì zhèige?

短文 🌱 🔊 B-29

这个 水族馆 很 好玩儿。游客 可以 在这儿 看 海豚 表演。
Zhèige shuǐzúguǎn hěn hǎowánr. Yóukè kěyǐ zàizhèr kàn hǎitún biǎoyǎn.

海豚 不但 会 拍手， 还 会 顶 球。
Hǎitún búdàn huì pāishǒu, hái huì dǐng qiú.

我们 可以 跟 它 握手，不过 不 能 喂食。
Wǒmen kěyǐ gēn tā wòshǒu, búguò bù néng wèishí.

中国を調べよう！ ✏️

Ⓐ 自分の知っている中国のお菓子を挙げてみましょう。

Ⓑ それ以外にどんなお菓子があるのか調べてみましょう。

1 助動詞 "会"

- 動詞句の前に"会"を置くと、主に技能を習得して「〜できる」という意味を表します。

> 主語 + "会"(huì) + 動詞句

① 我会弹钢琴。　　　　　　　Wǒ huì tán gāngqín.
② 他不会说日语。　　　　　　Tā bú huì shuō Rìyǔ.

2 助動詞 "能"

- 動詞の前に"能"を置き、主に能力的、条件的に「〜できる」という意味を表します。

> 主語 + "能"(néng) + 動詞句

③ 我能和你一起照个相吗？　　Wǒ néng hé nǐ yìqǐ zhào ge xiàng ma?
④ 我今天不能喝酒。　　　　　Wǒ jīntiān bù néng hē jiǔ.

3 助動詞 "可以"

- 動詞の前に"可以"を置き、主に許可して「〜できる、〜してもよい」という意味を表します。
- 否定形は基本的に"不能"とします。

> 主語 + "可以"(kěyǐ) + 動詞句

⑤ 这儿可以用现金吗？　Zhèr kěyǐ yòng xiànjīn ma?　—不能（用）。Bù néng(yòng).

4 "会" と "能" の違い

- 技能習得の"会"、条件の"能"
  ⑥ 我会开车。不过今天不能开车。　Wǒ huì kāichē. Búguò jīntiān bù néng kāichē.
- 数量などを伴う具体的な能力や到達点を表す場合、"能"を使います。
  ⑦ 我会游泳。我能游一千米。　　Wǒ huì yóuyǒng. Wǒ néng yóu yì qiān mǐ.

新出単語

爷爷：(父方の)祖父　会：〜できる　用：使う、用いる　微信：WeChat　支付：支払う
从来：いままで、これまで(〜ない)　甜甜：甜甜(人名)　能：〜できる　教：教える　啊：肯定の語気を表す
您："你"の敬称　微信号：WeChat ID　可以：〜できる、〜してもよい　水族館：水族館
好玩儿：楽しい、面白い　游客：観光客　海豚：イルカ　表演：実技、実演　不但：〜ばかりでなく
拍手：拍手する　顶球：ヘディング(する)　它：あれ、それ(人間以外の事物)　握手：握手する
喂食：食事や餌を与える　弹：弾く　钢琴：ピアノ　说：話す、言う　照相：写真を撮る　酒：酒
现金：現金　开车：車を運転する　游泳：泳ぐ　游：泳ぐ　千：1000　米：メートル

基礎編　第**12**课 ｜ 川菜比泰国菜辣吗？

会話 🎤 B-31

A： 川菜 比 泰国菜 辣 吗？
Chuāncài bǐ Tàiguócài là ma?

B： 川菜 和 泰国菜 不 一样。
Chuāncài hé Tàiguócài bù yíyàng.

泰国菜 里 还 有 点儿 酸甜味儿。
Tàiguócài li hái yǒu diǎnr suāntián wèir.

A： 那， 川菜 跟 韩国菜 一样 辣 吗？
Nà, chuāncài gēn Hánguócài yíyàng là ma?

B： 我 觉得 韩国菜 没有 川菜 辣。
Wǒ juéde Hánguócài méiyǒu chuāncài là.

川菜 又 麻 又 辣。
Chuāncài yòu má yòu là.

短文 🌱 🎤 B-32

我 和 小张 加入了 一 个 篮球队。
Wǒ hé xiǎo-Zhāng jiārùle yí ge lánqiúduì.

小张 比 我 小 两 岁。
Xiǎo-Zhāng bǐ wǒ xiǎo liǎng suì.

不过， 他 个子 跟 我 一样 高， 投篮 的 技术 也 比 我 好 多了。
Búguò, tā gèzi gēn wǒ yíyàng gāo, tóulán de jìshù yě bǐ wǒ hǎo duōle.

中国を調べよう！ ✏️

Ⓐ C-POP の意味について調べてみましょう。

Ⓑ 自分の知っている中国語の歌やアーティストを挙げてみましょう。

1 比較表現①

- 「A＋"比"＋B＋形容詞」で「AはBより〜だ」という意味を表します。
- どのくらい差があるのかを表す場合、差量を形容詞の後ろに置きます。

> A＋"比"(bǐ)＋B＋形容詞＋【差量】

① 这儿比那儿凉快。　　　　Zhèr bǐ nàr liángkuai.
② 这条裤子比那条好看。　　Zhèi tiáo kùzi bǐ nèi tiáo hǎokàn.
③ 爸爸比妈妈大两岁。　　　Bàba bǐ māma dà liǎng suì.
④ 今天比昨天热一点儿。　　Jīntiān bǐ zuótiān rè yìdiǎnr.

2 比較表現②

- 「A＋"没有"＋B＋形容詞」で「AはBほど〜ではない」という意味を表します。
- Bの後ろに"这么"(zhème) や"那么"(nàme) を置くこともあります。
- ※Bの程度が高い場合「Bほど（このように、そのように）〜ではない」

> A＋"没有"＋B＋（这么／那么）＋形容詞

⑤ 汉语没有英语（那么）难。　　Hànyǔ méiyǒu Yīngyǔ (nàme) nán.
⑥ 公交车没有地铁方便。　　　　Gōngjiāochē méiyǒu dìtiě fāngbiàn.

3 比較表現③

- 「A＋"跟／和"＋B＋"一样"」で「AはBと同じである」という意味を表します。
- 「A＋"跟／和"＋B＋"一样"＋形容詞」で「AはBと同じく〜だ」という意味を表します。
- 否定形は"不一样"とします。

> A＋"跟／和"＋B＋（不）一样(yíyàng)〈＋形容詞〉

⑦ 你的手机跟我的（不）一样。　　Nǐ de shǒujī gēn wǒ de (bù) yíyàng.
⑧ 这个跟那个一样好。　　　　　　Zhèige gēn nèige yíyàng hǎo.

新出単語

川菜：四川料理　比：〜より　泰国：タイ　辣：辛い　一样：同じである　酸：酸っぱい
甜：甘い　味儿：味　韩国：韓国　没有：〜ほど…ではない　又〜又…：〜でもあり、また…だ
麻：しびれる　张：張(姓)　加入：参加する　队：チーム　小：年下である、小さい　个子：背丈
高：高い　投篮：(バスケットボールで) シュートする　技术：技術　多了：ずっと、かなり
凉快：涼しい　裤子：ズボン　好看：きれい、見た目がよい　英语：英語　那么：そんなに
公交车：路線バス　地铁：地下鉄　方便：便利である　手机：携帯電話、スマホ

基础 | 第 **7** 課

1 存在表現

① 教室里有两个学生。　　　Jiàoshì li yǒu liǎng ge xuésheng.

② 这儿没有医院。　　　　　Zhèr méiyǒu yīyuàn.

③ 房间里有没有 Wi-fi?　　 Fángjiān li yǒu méiyǒu Wi-fi?

2 所在表現

④ 牛奶在冰箱里。　　　　　Niúnǎi zài bīngxiāng li.

⑤ 小王不在办公室。　　　　Xiǎo-Wáng bú zài bàngōngshì.

⑥ 你家在哪儿？　　　　　　Nǐ jiā zài nǎr?

3 "有"構文と"在"構文

⑦ 教室里有很多学生。　　　Jiàoshì li yǒu hěn duō xuésheng.

⑧ 学生们都在教室里。　　　Xuéshengmen dōu zài jiàoshì li.

基础 | 第 **8** 課

1 進行を表す副詞"在"

① 他们（正）在开会（呢）。　　Tāmen (zhèng)zài kāihuì (ne).

② 我没在听音乐。　　　　　　Wǒ méi zài tīng yīnyuè.

2 動作の行われる場所を表す前置詞"在"

③ 他在书店买杂志。　　　　　　Tā zài shūdiàn mǎi zázhì.

④ 我每天都在便利店买饮料。　　Wǒ měitiān dōu zài biànlìdiàn mǎi yǐnliào.

⑤ 我没在食堂吃饭，还在路上呢。　Wǒ méi zài shítáng chīfàn, hái zài lùshang ne.

⑥ 我平时不在食堂吃饭。　　　　Wǒ píngshí bú zài shítáng chīfàn.

基础 | 第 **9** 課

完了を表す助詞"了"

① 我写了一封信。　　　　　Wǒ xiěle yì fēng xìn.

② 他买了杂志和书。　　　　Tā mǎile zázhì hé shū.

③ 他已经去学校了。　　　　Tā yǐjīng qù xuéxiào le.

④ 我吃午饭了。　　　　　　Wǒ chī wǔfàn le.

⑤ 他还没来。　　　　　　　Tā hái méi lái.

⑥ 我今天没去医院。　　　　Wǒ jīntiān méi qù yīyuàn.

⑦ 我到了上海就去见他。　　Wǒ dàole Shànghǎi jiù qù jiàn tā.

⑧ 我明天下了课去打工。　　Wǒ míngtiān xiàle kè qù dǎgōng.

基础 | 第 **10** 課

1 経験を表す助詞"过"

① 我包过饺子。　　　　　　Wǒ bāoguo jiǎozi.

② 他还没吃过寿司。　　　　　　　Tā hái méi chīguo shòusī.

2 動作の時間量
③ 我每天都学两个小时汉语。　　　Wǒ měitiān dōu xué liǎng ge xiǎoshí Hànyǔ.
④ 咱们休息一会儿吧。　　　　　　Zánmen xiūxi yíhuìr ba.
⑤ 我今天看了两个小时电视。　　　Wǒ jīntiān kànle liǎng ge xiǎoshí diànshì.
⑥ 他在中国工作过一年。　　　　　Tā zài Zhōngguó gōngzuòguo yì nián.

3 動作の回数
⑦ 他来过两次日本。　　　　　　　Tā láiguo liǎng cì Rìběn.
⑧ 这本小说，我看过一遍。　　　　Zhèi běn xiǎoshuō, wǒ kànguo yí biàn.

基礎｜第 11 課

1 助動詞 "会"
① 我会弹钢琴。　　　　　　　　　Wǒ huì tán gāngqín.
② 他不会说日语。　　　　　　　　Tā bú huì shuō Rìyǔ.

2 助動詞 "能"
③ 我能和你一起照个相吗？　　　　Wǒ néng hé nǐ yìqǐ zhào ge xiàng ma?
④ 我今天不能喝酒。　　　　　　　Wǒ jīntiān bù néng hē jiǔ.

3 助動詞 "可以"
⑤ 这儿可以用现金吗？　　　　　　Zhèr kěyǐ yòng xiànjīn ma?
　　一不能（用）。　　　　　　　　— Bù néng(yòng).

4 "会" と "能" の違い
⑥ 我会开车。不过今天不能开车。　Wǒ huì kāichē. Búguò jīntiān bù néng kāichē.
⑦ 我会游泳。我能游一千米。　　　Wǒ huì yóuyǒng. Wǒ néng yóu yì qiān mǐ.

基礎｜第 12 課

1 比較表現①
① 这儿比那儿凉快。　　　　　　　Zhèr bǐ nàr liángkuai.
② 这条裤子比那条好看。　　　　　Zhèi tiáo kùzi bǐ nèi tiáo hǎokàn.
③ 爸爸比妈妈大两岁。　　　　　　Bàba bǐ māma dà liǎng suì.
④ 今天比昨天热一点儿。　　　　　Jīntiān bǐ zuótiān rè yìdiǎnr.

2 比較表現②
⑤ 汉语没有英语（那么）难。　　　Hànyǔ méiyǒu Yīngyǔ (nàme) nán.
⑥ 公交车没有地铁方便。　　　　　Gōngjiāochē méiyǒu dìtiě fāngbiàn.

3 比較表現③
⑦ 你的手机跟我的（不）一样。　　Nǐ de shǒujī gēn wǒ de (bù) yíyàng.
⑧ 这个跟那个一样好。　　　　　　Zhèige gēn nèige yíyàng hǎo.

著　者

立教大学中国語教育研究室　編

春雨鐘聲
―中国語1・中国語A―

2024. 3. 10　初版発行

発行者　上　野　名　保　子

発行所　〒101-0062　東京都千代田区神田駿河台３の７
　　　　電話　東京03（3291）1676　FAX 03（3291）1675
　　　　振替　00190-3-56669番
　　　　E-mail：edit@e-surugadai.com
　　　　URL：http://www.e-surugadai.com

株式
会社　駿河台出版社

製版・印刷・製本　フォレスト

ISBN 978-4-411-03167-9 C1087　¥2300E

中国語音節全表

韻母 声母	1															i	ia	iao	i...
	a	o	e	-i	er	ai	ei	ao	ou	an	en	ang	eng	ong		i	ia	iao	i...
b	ba	bo				bai	bei	bao		ban	ben	bang	beng			bi		biao	bi...
p	pa	po				pai	pei	pao	pou	pan	pen	pang	peng			pi		piao	pi...
m	ma	mo	me			mai	mei	mao	mou	man	men	mang	meng			mi		miao	m...
f	fa	fo					fei		fou	fan	fen	fang	feng						
d	da		de			dai	dei	dao	dou	dan		dang	deng	dong		di		diao	di...
t	ta		te			tai		tao	tou	tan		tang	teng	tong		ti		tiao	ti...
n	na		ne			nai	nei	nao	nou	nan	nen	nang	neng	nong		ni		niao	ni...
l	la		le			lai	lei	lao	lou	lan		lang	leng	long		li	lia	liao	li...
g	ga		ge			gai	gei	gao	gou	gan	gen	gang	geng	gong					
k	ka		ke			kai	kei	kao	kou	kan	ken	kang	keng	kong					
h	ha		he			hai	hei	hao	hou	han	hen	hang	heng	hong					
j																ji	jia	jiao	ji...
q																qi	qia	qiao	qi...
x																xi	xia	xiao	x...
zh	zha		zhe	zhi		zhai	zhei	zhao	zhou	zhan	zhen	zhang	zheng	zhong					
ch	cha		che	chi		chai		chao	chou	chan	chen	chang	cheng	chong					
sh	sha		she	shi		shai	shei	shao	shou	shan	shen	shang	sheng						
r			re	ri				rao	rou	ran	ren	rang	reng	rong					
z	za		ze	zi		zai	zei	zao	zou	zan	zen	zang	zeng	zong					
c	ca		ce	ci		cai		cao	cou	can	cen	cang	ceng	cong					
s	sa		se	si		sai		sao	sou	san	sen	sang	seng	song					
	a	o	e		er	ai	ei	ao	ou	an	en	ang	eng			yi	ya	yao	ye...